国 家 出 版 基 金 项 目
教育部人文社科重大委托项目 | 世界女子高等教育及大学女校长研究

国家出版基金项目
NATIONAL PUBLICATION FOUNDATION

世界大学女校长◆女子大学丛书
Series on World Women University Presidents & Women's Universities

INGRID MOSES
英格瑞德·莫西斯

澳大利亚新英格兰大学校长

叶鸿宇 著

中国传媒大学出版社
Communication University of China Press

总　序

百年大计，教育为本。世界各国的经验表明，强国梦必须有科教梦做支撑。科教兴国，是中国的基本国策，是从教育大国到教育强国、从人口大国到人力资源强国的必由之路。高等教育处于教育体系的顶端，是联结科技与教育的重要桥梁。衡量一个国家科技和教育水平的高低，在很大程度上要看这个国家高等教育的水平。

回顾大学的发展历史，我们不难发现，一所大学办学质量的高低，往往取决于校长的水平。世界著名大学发展的每个重要阶段，都铭刻着大学校长的办学理念和思想，正如艾略特之于哈佛大学，蔡元培之于北京大学，梅贻琦之于清华大学。研究大学校长的办学理念和思想，是管窥一所大学兴衰成败的途径，而专门研究大学女校长，则独辟蹊径，别开生面。

中国现代教育史上，大学校长虽以男性居多，然而成就卓著的女校长也不乏其人。她们推动了大学的变革，丰富了大学的精神内涵，如金陵女子大学老校长吴贻芳，复旦大学前校长谢希德，东南大学前校长韦钰，同济大学前校长吴启迪，等等。女校长人数虽然屈指可数，但其业绩丝毫不逊于男性同行。大学女校长为高等教育的发展注入了活力，做出了贡献。大学女校长的治校理念、办学风格乃至传奇的职业生涯，确实值得深入研究和细致品味。

女子大学是高等院校序列中的一种特有形式，为世界高等教育的发展做出了重要贡献。著名的女子大学，如韦尔斯利学院、史密斯学院、淑明女子大学、日本女子大学、御茶之水女子大学，以及中国历史上的金陵女子大学、北京女子师范大学、华南女子大学等，都写下了光辉的篇章，是世界高等教育的重要组成部分。研究世界各国女子大学，总结提炼女子高等教育的办学经验和人才培养模式，探索现代女性接受高等教育的多样化形式，对于寻求符合女性特质的教育理念和教育方法，应该说是一种有益的尝试。

由中国传媒大学承担的教育部重大委托项目——“完善中国现代大学制度视域中世界女子高等教育及大学女校长群体研究”课题，对以上两个领域进行了系统深入的研究。“世界大学女校长·女子大学”丛书，就是这一课题的主要成果。这套丛书分为四个系列：女子高等教育系列，考察全球女子高等教育的发展轨迹，呈现其办学传统和教育特色；中外大学女校长个案研究系列，以人物传记的形式深度追踪大学女校长的人生经历，剖析她们的成长历程、心智历练、办学理念和治校方略；女校长群体研究系列，群像式描绘某一国家或地区的大学女校长群体，彰显女校长个性的同时，探寻她们的共性；“世界大学女校长论坛”图文集锦系列，汇集展示了大学女校长在历届论坛上的真知灼见和绚丽风采。四个系列，四十余本，蔚为大观。

“世界大学女校长·女子大学”丛书，也是“世界大学女校长论坛”历时十三年深入研究高等教育及女性培养结出的硕果，是深化论坛主旨、促进女性事业和教育事业发展的学术行动。丛书的写作，依托“论坛”这一平台，深度访谈和研究了参加历届论坛的大学女校长，系统整理了多年积累的学术成果，可以说，“论坛”既是女校长们交流合作的舞台，也是本套丛书得以出版的重要基础。

自1995年北京第四届世界妇女大会召开以来，世界妇女运动取得了长足的进展，性别平等的高端主题——女性领导力，也已经是全球关注的议题，与女性学相关的课程在中国高校已经四处开花。今天，有识之士都深刻认识到，女性在社会各个领域的创造力和领导力，是推动社会全面发展的动力之一，也是人类文明进步的重要标尺。“世界大学女校长·女子大学”丛书，对于提升女性领导力，具有重要的参考价值，对于知识女性的成长具有积极的引导意义。

大学女校长是高等教育、女性、领导力的集结点，是知识女性的杰出代表，是自尊、自信、自立、自强的典型，她们不但为高等教育的发展做出了应有的贡献，更以自己坚韧顽强、宽厚包容、无私奉献的品质与情怀，阐释了女性领导力的独特内涵。对于广大女性来说，她们是教育典范和女性楷模，具有榜样的力量和示范的价值，定能引领青年女性沿着正确的道路勇敢前行。

女性的发展，既需要社会各方面的支持，更需要女性自身具备积极进取的意志和宽广博大的胸怀。希望丛书的研究成果能产生广泛和深远的影响，为女性高等教育提供宝贵借鉴，为精英女性的成长与成功给予智力支持；促进全社会更加重视女性平等的教育接受权和职业发展权；激励正在为打破“玻璃天花板”而奋斗的新一代女性，为女性领导力的培育与提高奠定坚实基础。

是为序。

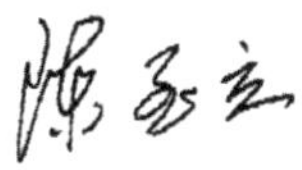

2014年7月

前　言

我在中国传媒大学工作近五十年，其中有三十多年在学校领导岗位上任职。这些经历让我有更多的机会体悟、思考女性接受高等教育的重要、女性走向领导岗位的不易。

早在1996年，我即萌生组织世界各国为数不多的大学女校长进行交流合作的想法，但当时忙于学校的学科建设和转型，这一想法被搁置下来。直到2001年，在诸多同事的帮助下，我才将这一构想变成现实，召开了大学女校长“新世纪高等教育发展战略国际论坛”。此后论坛每隔两至三年举办一次。2006年，论坛挂靠中国教育国际交流协会,组建了世界大学女校长论坛组委会，负责论坛的筹划、组织工作；2009年，在江苏有关部门的关心和支持下，成立了江苏中外大学女校长教育发展基金会，为论坛筹集资金。迄今，世界大学女校长论坛已在中国北京、南京、厦门举办五届，并在新西兰、日本、美国、土耳其、津巴布韦和墨西哥等地召开六次分论坛，吸引了79个国家的800余人次大学女校长。

十年来，在与各国大学女校长的交流互动中，我深刻地感受到，女性在高等教育领域作为决策者和领军者可谓凤毛麟角,其人生历练和办学实践值得浓墨重书。翻阅每位女校长的简历、细读她们给论坛提交的论文，总能激起我发自内心的共鸣，赞佩她们的治校理念、管理智慧和人格魅力。每一位女校长都拥有鲜为人知的心路历程、卓尔不凡的领导能力与永载史册的辉煌业绩。

我的一位好友、著名女性传记作家赵凤翔教授曾说："女人要写女人。"这给了我很大启发——女校长要研究女校长。追溯大学女校长成长、成才、成功的道路，总结女性领导力的形成规律和独特优势，开展大学女校长及女性领导力研究，出版相关研究成果，就成为"世界大学女校长论坛"活动的自然延伸。

2010年，我们筹划设立了"完善中国现代大学制度视域中世界女子高等教育及大学女校长研究"课题，组织来自中国传媒大学等单位80余人的研究团队，选定34个国家80余位大学女校长，进行个案研究和群像描绘；对23个国家的女子大学进行历史梳理与全面考察。2011年，这一课题获得教育部人文社科重大委托项目立项；2013年，由该课题主要研究成果结集而成的"世界大学女校长·女子大学"丛书，获得国家出版基金资助。

这套丛书由四个系列组成，具有三个鲜明特点。四个系列：女子高等教育系列、中外大学女校长个案研究系列、女校长群体研究系列和"世界大学女校长论坛"图文集锦系列。三个特点：一是全景式描述。丛书对世界范围内大学女校长及女子高等教育，首次进行比较全面的观照和挖掘。女校长研究既有共性的揭示与比较，又有个性的剖析与呈现；女子高等教育研究既有全球视野的巡礼，又有具体国别的探究。二是人物传记式的写作方法。丛书以访谈当事人、发掘第一手资料为基础，研究和写作的过程力求再现传主的人生轨迹、突出其办学理念和治校业绩。三是可读性强。传主的真知和作者的匠心历历可见，读者能够在图文并茂中感受到智慧和灵感的融会。

这套丛书是对女性通过教育追求真善美、通过自身努力彰显智仁勇的真实颂扬。著名女作家冰心曾说：这个世界如果没有女人，就会失去十分之五的真、十分之六的善、十分之七的美。女性不仅是真善美的化身，也应是智仁勇的写照。阅读这套丛书，我们可以了解到，女性如何通过交流互鉴，凝聚智慧、取得共识；体认困境，直面现实、自立自强；付诸行动，同心同力、坚持不懈。

这套丛书是对“女性是改造世界的温柔力量”的生动诠释。置身于男性居主导地位的社会管理体系中，女性要取得成功，需要充分展现女性特质，发挥女性优势，要以女性特有的视角观察、思考、解决问题。阅读这套丛书，我们可以看到女校长们如何在战略决策上，高瞻远瞩，运筹帷幄，引领未来；在具体工作中，体贴入微、心系师生，用愿景激励师生，用行动示范师生，用厚德包容之心协理校务；在领导风格上，追求完美和精致，重视以人为本，在管理中实现个人的发展与事业发展的契合。

这套丛书是对高等教育及大学女校长社会价值的全面展示。众所周知，高等教育是形塑社会结构及价值体系的重要载体，大学校长是具有社会象征、示范和引导意义的特殊群体。女性接受高等教育、女性担任大学校长，在改变高等教育生态的同时，也在潜移默化地影响着社会结构变迁、家庭角色分工、社会责任担当、时代价值导向。阅读这套丛书，我们可以看到女子高等教育和大学女校长的发展历程，正是社会不断进步、两性趋于平等的见证，而她们成长的艰辛和不易，也呼吁现代社会迈向更加平等、公正、和谐的完善之路。

丛书已然油墨飘香，感激的话语也充溢心头。感谢江苏中外大学女校长教育发展基金会为项目提供启动经费，感谢教育部将此课题列为人文社科重大委托项目，感谢国家新闻出版广电总局提供国家出版基金资助。特别感谢十一届全国人大常委会副委员长、第十届全国妇联主席陈至立女士担任项目和丛书的总顾问，并欣然作序。

感谢这套丛书的传主、作者和编审们。他们在繁忙的本职工作之余见缝插针，千方百计，保证了任务圆满完成。传主们倾力支持、积极配合；作者们夜以继日，数易其稿；编审们孜孜不倦，精益求精。这种认真负责的精神，令人感叹。课题跨越四载，屡遭挫折，历尽艰辛，常常使我们困扰于“山重水复疑无路”，而殚精竭虑之后的新意迭出，又使我们惊喜于“柳暗花明又一村”。我相信，不久的将来，作者之中定会有著名的传记作家、女性研究专家脱颖而出。

感谢中国传媒大学文科科研处、出版社，为项目的完成和丛书的出版提供了有力保障。丛书煌煌五十本，从策划、组织、申报、撰写到编辑、装帧，学校教师及出版社职工都是主力军，都是可靠、堪用、高效的突击队。如今项目和丛书按期完成、保质保量出版，我要向他们衷心致谢！

任何一项事业，都是“一人启其端，百人扬其华”。我只是一个组织者、牵线者，项目得以完结、丛书得以问世，应归功于各位热心的支持者、参与者。让每一位年轻的女性都能自由地筑梦、勇敢地追梦、幸福地圆梦，是我最乐意为之奔忙的事业。我们期待，有更多的有识之士能参与到这一有意义的工作中来。

刘继南

2014年7月于北京

英格瑞德·莫西斯（1941–）

高等教育学博士，原新英格兰大学校长。1941年出生在德国，1966年随丈夫移居澳大利亚；1986年从昆士兰大学毕业，获得高等教育学博士学位；1993年至1997年在堪培拉大学任职副校长；1997年到2006年任新英格兰大学校长；2006年至2010年任堪培拉大学董事长。莫西斯曾任国际大学校长联合会主席，也曾服务于联合国大学董事会六年，任主席两年。2003年，因对澳大利亚农村教育的巨大贡献，莫西斯被澳大利亚政府授予百年纪念奖章。

Born in1941 in Germany, Ingrid Moses moved to Australia from Germany in 1966 as wife of Dr. John A. Moses. She was Deputy Vice-Chancellor and Pro Vice-Chancellor (Academic) at the University of Canberra from May 1993 to June 1997. From 1997 to 2006, she was Vice-Chancellor of the University of New England in Armidale, Australia. From 2006 to 2010, Ingrid Moses was Chancellor of the University of Canberra. She holds a degree in Social Sciences from the University of Erlangen-Nürnberg in Germany, a Master of Arts in Sociology and a Ph.D in higher education (UQ). She was president of the International Association of University Presidents; and Chair of the Council of United Nations University. In 2003 she was awarded by the Australian government a Centenary Medal for her contribution to rural education.

目 录

写在前面的话

Wherever there are opportunities, just grasp them and make them work in your favor. When you make a choice, make it a success.
当你面对机遇，抓住它们，让它们为你服务；当你做了一个选择，把这个选择变为成功。

——Ingrid Moses
英格瑞德·莫西斯

2003年6月，在墨西哥的蒙特雷市，国际大学校长联合会与国际大学联合会共同举办了名为“高等教育领域的女性与领导力：玻璃屋顶有多厚？”的会议，会议中谈到了一个比喻，就是女性的头顶上有一个“玻璃屋顶”，你看不见它，但是当女性发展到某一个高度后却能感觉到很难突破，你会发现男性会在这个高度之上。这个比喻形象地描述了女性的发展难以突破某一个高度的情况。会议对女性的社会参与程度以及女性在高等教育领域遇到的就业平等问题进行了探讨。

国际学术机构为什么提出这个问题？这要从女性发展的大环境谈起。20世纪60年代，针对社会对待女性的方式存在歧视的问题，包括工资水平、受高等教育的权利、金融借贷权利的不平等以及家庭、工作、夫妻关系的不平等、法律上的不平等，全世界兴起了妇女解放运动，一直持续到90年代后期。经过多年来许多女性对相关问题的奔走呼吁，这些不公平的状况发生了显著的改善。事实表明，许多参与社会工作的女性拥有和男性一样的能力，可以成为对社会有用的人。但在高等教育领域，仍以男性为主导，女性头顶上仍有一个“玻璃屋顶”，改善高等教育领域中女性的现状，已经成为有识之士的共同愿望。

莫西斯时任澳大利亚新英格兰大学校长，在国际舞台上任联合国大学主席、国际大学校长联合会主席，她呼吁社会理解女性，给女性应有的公正、公平，解决女性在发展中的后顾之忧……在高等教育——这个男性主导的领域，莫西斯身为女性，担当了重任，展示了她的才华。她以自强不息的精神为争取女性的自我发展做出了表率，也为女性在这个社会中持续发展、突破“玻璃屋顶”的努力指明了一条可行的道路。有成功女性的引导，有年轻一代的努力争取，通过一代又一代的坚持，人们将最终赢来一个性别公平、机会均等的时代。

莫西斯为女性树立了榜样。我们不妨沿着莫西斯人生轨迹，看看她是怎样做到的！

童年印象

听莫西斯校长娓娓道来，我们眼前仿佛出现了一个宁静祥和的奥利希（Aurich）。这是一个德国北部的城市，虽然面积不大，却有着悠久的历史，是奥利希地区的首府，一个行政中心，那里有政府、法庭等等。小城有1.5万的人口，还有一所非常古老的高中，其历史大约可以追溯到16、17世纪……

1941年7月15日，在这个德国北方的小城，一个可爱的金发女孩儿呱呱落地，欣喜的父母爱怜地给她取名为英格瑞德（后随夫姓为莫西斯）。由于战争，这个原本宁静的首府城市，在风雨飘摇中发出凄厉的叫喊，接下来的1942年正是纳粹德国在斯大林格勒失利的那一年，也是纳粹德国在第二次世界大战中开始陷入泥潭的那一年。罪恶的纳粹集中营在奥利希建立，给这座小城蒙上了耻辱。纳粹的垂死挣扎、犯下的滔天罪行终于在1945年以纳粹德国的战败而终止。德国的这一历史给世界人民及当时所有的德国家庭都带来

1941年流通的奥利希明信片[①]

了重大灾难，凄风苦雨、民不聊生正是无数德国家庭的生活写照。

小英格瑞德的家原是殷实的中产阶级家庭，此时生活也陷入困境、难以为继，基本靠变卖家产度日。战败后的德国被分为英美法俄四个占领区，而奥利希则属于英占区。战后德国因为遭到战争的破坏，一切几乎成为废墟。城市的粮食、居住等最基本的供给都难以保证，物价飞涨、秩序混乱，整个德国包括奥利希在内都投入到战后重建的工作中。

虽然是在战乱中出生，父亲和母亲用坚实的臂膀保护着这个美丽的小生命。外部大环境的动乱并未给小英格瑞德留下太多不愉快的回忆。在英格瑞德记忆中，父亲和母亲都非常慈爱。父亲是一位公务员，一位城市规划师，母亲则是一位家庭主妇。当德国迎来

① 图片来源：http://www.akpool.de/ansichtskarten/85509-ansichtskarte-postkarte-aurich-ostfriesland-windmuehle-gymnasium, accessed Sep 10, 2013.

了新的时代，小英格瑞德也一天天快乐地长大了。

对于记忆这个问题，英格瑞德认为澳大利亚可以说是一个记忆分水岭，她后来到了澳大利亚，很多德国的人和事都淡忘了，因为那个时代是一个还没有电子邮件和传真的时代，英格瑞德和家乡算是真正地断绝了联系。虽然人们总说当你变老后，儿时的记忆便会回来，不过对于回忆过去的英格瑞德而言，这种情况似乎还是未能发生。或许当时年轻的英格瑞德一直往前看，而且与家人也是聚少离多，当你没有办法去谈论那些记忆时，很多记忆便随着时间的流逝埋藏到了某个偏僻的角落。

回顾儿时星星点点的片断，英格瑞德感觉是幸福的。

英格瑞德有两个哥哥，一个哥哥比她大四岁，另一个则比她大一岁。在她出生两年后，小妹妹来到人世。从英格瑞德有记忆开始，她就常常是和母亲还有兄妹们待在一起，因为父亲在战时入伍，后又作为战俘被关押。在她的记忆中，自己非常调皮，总是故意地把衣服弄脏而让母亲非常生气，娱乐活动常常是追着兄妹们满屋子奔跑……尽管奥利希是沿海城市，气候比较温和多雨，但在她记忆中外出的机会是不多的。冬天这个小城还会下雪，有一条穿过城市的运河会结冰，它离英格瑞德的家较近，于是小英格瑞德和兄妹们便胆大地在河面上溜冰，这常常让母亲很是担心。

在英格瑞德的记忆中，这里发生过爆炸的次数屈指可数，她现在推测这可能是因为奥利希这座城市只是一个行政中心而非工业中心。记得有一天，母亲推着妹妹，和兄妹四人一起在路上走，走着走着防空警报骤然响起，他们急忙走进了最近的一个防空洞躲藏。这恐怕是英格瑞德为数不多的幼年印象了。

英格瑞德是幸运的。到了该上学的年龄，她所在的小城也逐渐恢复了原有的平静。七岁的英格瑞德开始上小学了，她和哥哥、妹妹都就读于同一所小学。应该说，她和兄妹们从小就受到父母良好的教育，在学习上都很自觉用功，但她是个非常有主见的孩子，遇事总有自己的想法，总想按照自己的心愿去做，在当时被认为有些叛逆。尽管如此，她在学校各方面的表现都非常优秀。

英格瑞德在家中着实有些自己的坚持。二战结束时父亲作为战俘被关押，因此母亲似乎将家中照顾弟弟妹妹的一些责任交给了大哥。后来父亲回到家中，在父母出门时，哥哥便会自然地承担起家长的角色。因为那时还小，英格瑞德倒也没有太多的记忆，不过对于十几岁的点点滴滴，她还是略有印象的。记得有一次，父亲和母亲外出几天，留下兄妹四个在家中，大哥便是“家长”。那几天因为哥哥既不允许大家在夜晚出门，也不允许他们和其他的伙伴们一起到处玩耍，小英格瑞德对此颇为不满。有时哥哥严肃地对闹着出门的大家提出批评，小英格瑞德会嘟起嘴、扭过头、双手背到身后表达自己的反对。那时的她喜欢自己的事由自己决定，不喜欢什么都由哥哥或者父母说了算，她觉得无论是谁要让她做什么，都需要给出让她信服的理由。因为坚持自己的见解，她被家里人认为是十足的叛逆。记忆中父亲是非常博学的，知道很多故事、谚语、儿歌、童谣，父亲常说这样一句拉丁俗语：“Quod licet Iovi, non licet bovi”，字面的意思是说很多事情上帝能够做而牛却不能做。英格瑞德开玩笑地表示：因为父母就是“上帝”，可以做决定，而孩子们是“牛”，所以不能做决定。在英格瑞德眼中，那个时代的父母与子女的关系与现在不同，那时的孩子们和父母并不是那么平起平坐的，对父母更多的是充满尊重。孩子们被教导要有礼貌、要自律，在公共场所如在地铁或者汽车上先给老人开门让座，行握手礼，见到大人们要行屈膝礼，是女孩儿需要手拉小裙子、膝盖微屈，以表示尊重。对于那个时代的礼仪，英格瑞德还是认可的，只是对于不给出理由的命令式要求不愿意接受，也会因此对哥哥的要求总有着小小的反抗。

英格瑞德的性格形成或许与父母的开放式教育有关。父母更多地对孩子们的意愿表示尊重，并给她们提供了宽松的成长环境。在读书问题上，英格瑞德的父母给儿子和女儿们同样的机会；在选择专业上，英格瑞德的父母更是鼓励儿女们按照自己的兴趣爱好去读书，将来可以选择自己喜欢的职业。由于父母亲包括父母的朋友们对待儿女的培养是一视同仁的，因此在英格瑞德成长的氛围中没有性别歧视，她幼小的心灵充满了对平等的认知，也为她将来的人生和成就奠定了思想基础。

在当时的德国，对学习阶段有这样的规定：一个孩子读到小学4年级后就要参加一个考试，最出色的学生会去文法学校（中学）读书，接受9年制的专业知识学习，然后进入大学继续深造；而那些不愿意选择文法学校或者不能去的孩子们就需要选择究竟是进入5年制的技术学习如厨师，还是6年制的职业学习如文秘，这些没有进入文法学校的学生毕业后便会直接开始工作，做的主要是不需要高等学历的工作，例如理发师、店员等，最主流的形式便是学徒制，此外还有工作培训。

那个时候，只有很少数人会去文法学校学习，而英格瑞德就属于那些最出色的孩子们当中的一个。或许是因为父亲和母亲希望孩子们将来可以去大学继续深造，或许是因为英格瑞德的家庭是一个良好的中产阶级家庭，自然便有了这样的期望。结束了第一阶段4年的学习后，便到了英格瑞德抉择自己未来的时候。因为成绩优异，英格瑞德选择了与哥哥们一样去文法学校读书，事实上，英格瑞德兄妹四人是在同一所文法学校就读的。

父母亲的期望影响了她的一生。在文法学校，每个学生都可以选择不同的专业。英格瑞德和妹妹都选择了现代语言专业，专业方向上妹妹选择法语，而英格瑞德在选择法语的同时还多选了一门拉丁语，虽然拉丁语不算现代语言，但要学习还是可以的。哥哥们选择的专业也很有特色，是人文学科，在外语方面选择了拉丁语和希腊语的学习。除了专业课外，所有人都要上数学、化学、体育和英语，只是每个人因专业不同，侧重的领域有一定差别。

在英格瑞德记忆中，中学生活是充实而愉快的。文法学校是9年制，在英格瑞德读完第七年时，她的生命中迎来了第一次出国的机会。由于表现优秀，英格瑞德被选中参加了为期一年的美国交换生项目。那时，英格瑞德正在德国读11年级（包括第一阶段4年的学习），当时有许多交换项目，就好像今天一些国际机构承办的许多项目一样。那时有一个来自美国北部的项目叫做“青春的理解”，参加该项目的学生通常会交换到美国密西根这样的城市。英格瑞德对整个遴选的过程并不十分清楚，可能这些机构先和德国北部的文法学校取得联系，然后学校会推荐合适的人选。无论如何，英格瑞德是被推荐的学生之一，她的优秀，不仅表现在学习成绩上，且各方面的能力都很不错，特别善于辞令、辩论，语言表达能力是英格瑞德的专长。被学校选中后，她还要去比奥利希大一些的城市不莱梅参加面试。回忆当时的面试还有这样一个小插曲，面试官问："你有什么兴趣爱好？"英格瑞德答："我比较喜欢现代艺术。"他们接着问："毕加索的作品《格尔尼卡》（描绘了西班牙内战期间战争给人民带去的灾难）你觉得怎么样？"虽然英格瑞德也作了解答，但当时的她对这幅画实在知之甚少，觉得非常尴尬。她觉得，如果现代艺术是你的爱好，那么你就应该对它有一定的认知，然而她却没有。虽然这个插曲倒也没有影响英格瑞德成为交换生，但在英格瑞德内心引发了震动，在她之后的学习中，她一直努力秉持着非常认真、求实的态度探索未知的领域。

被选上"交换生"了，全家人都很开心。能到不一样的环境去生活、读书、去深入了解别的国家，英格瑞德兴奋得好几个晚上都没有睡好。父母虽然内心非常自豪，但对没有离开过家的她是否能照料自己表示担心，英格瑞德自己倒是表现得颇为开心和自信，每天乐呵呵地帮着妈妈开始早早地整理自己的行装。英格瑞德现在想来，父母当时能够支持自己去参加这个项目，真是非常慷慨的，他们对子女的教育培养也是十分重视的。因为当时父亲是公务员，母亲是家庭妇女，家中共有四个孩子，生活虽然尚算过得去却绝谈不上富裕，即便她可以在美国一个家庭中生活，且生活费全免，但仍然需要自己支付旅行的费用，而且父母还需要给一些零花钱，并支持她买衣服等日用品。因此送她去另一个国家、去一个外国家庭生活一年，在那个时候绝非一个容易的决定。

这是一段很难忘却的时间，那时正值1958年底、1959年初，全世界大规模的旅行时代还没有开始，虽然不久之后人们也开始去法国或者英国待一段时间学习语言或者旅行，但要住一年的时间恐怕仍是极为罕见的。人们更多地会在国内或去较近的地方旅行，且英格瑞德的父母也并没有太多的旅行经历，在这样的情况下，父母对自己的支持和鼓励让她感动不已。学校提名了英格瑞德，当然需要经过自己和父母的同意才行。或许那时的她对将要发生的事情实在没有太多的想象，对于要在一个不同的国家、不同的家庭生活真的没有任何概念。

就这样，对一切都还懵懂的英格瑞德来到美国开始了新的生活。美国的一切都是那样的新鲜，小英格瑞德第一次离开家就离开德国、离开欧洲来到了另一片天地。与战后的德国相比，美国呈现给英格瑞德的是更多的自由与繁荣，她睁大双眼好奇地感受着那不一样的文化与生活，她甚至觉得等待自己的将是一次探险。

来到美国后，英格瑞德便选择加入了他们最后一年的中学学习，也就是12年级。在美国的中学，她选择了英语文学、历史和社会学以及其他一些文科课程。美国的学校里有比较完善的咨询系统，每位学生都要咨询一位老师，并在老师的协助下选择所学科目，因此她可以较好地根据课程表安排上课的时间。

在生活上，在她到了美国之后的一小段时间里，她还是有些想家的。英格瑞德觉得自己很幸运，与她同行的女孩儿中有因为对自己所在的家庭不满意而换了好几家的，而英格瑞德的寄养家庭很好。她的养父是当地一个高中的体育老师，她的养母则是一位钢琴教师，在家里教钢琴。他们有6个孩子，其中5个已经上了大学，只有一个和英格瑞德一起待在家中，她比英格瑞德大了半岁，并在英格瑞德还待在那里时就上了大学。在此之前他们家还居住过其他两个交换学生，都是女孩儿，一个来自芬兰，一个来自荷兰。

与德国的生活、学习相比，美国有着诸多不同。用英语进行课程的学习，英格瑞德觉得并不算太难，自己也能学得很好，因此在课业方面对她而言还是相对轻松的。但在美国的中学里，体育课会有很多学生一起上，这在德国是较为少见的。让她觉得新奇的是学校对于社交的重视，女孩儿们都有男朋友，都会去约会。学校里还有很多舞会和其他的社交活动，有时还会去汽车电影院，而在德国只有普通的电影院却没有能够将汽车开进去看的那种。学校里有着丰富多彩的课余生活，英格瑞德也加入了一个溜冰俱乐部，还参加了一些辩论活动。在那里，英格瑞德交了很多朋友，在寄养的家中也过得非常开心。养父莱恩先生是一个非常热情的人，莱恩太太则很有教养，如果你有什么想谈的可以找她，她是不会拒绝你的。那是非常美好的回忆，莱恩夫妇认为英格瑞德就是家庭中的一员，他们常常带着她去其他州探望亲戚，而英格瑞德也因此见过莱恩夫妇的父母。事实上，几十年以后，英格瑞德还依然和这个家庭保持着良好的关系，莱恩夫妇后来也到德国和澳大利亚看望她。

英格瑞德觉得她在美国碰到了很多开放、热情的人，他们非常好奇，想知道很多东西，事实上可能到了现在，美国的很多人对于其他国家的了解依然十分有限。有人曾问她："德国有没有电话？"他们真的对德国没有任何概念，当然也没有什么恶意，只是不知道罢了。让英格瑞德印象深刻的是他们的慷慨和热情，还有他们对参与公益活动的热衷。就拿莱恩家庭为例，几乎每个周末，莱恩夫妇都会带着孩子们去教堂参加各种各样的志愿活动，那是个属于英国国教一支的长老会教堂。当然他们还会参加其他的社区活动，而英格瑞德作为这个家庭中的一员，会和他们一起参加。她觉得，与自己或邻居在德国参与社区活动的时间相比，她在美国花费在志愿活动上的时间要多得多。

在美国的点点滴滴给她留下了美好的回忆，及至后来，她在人生中所做的某些重要决定也与这段经历有着剪不断的联系。

当年，英格瑞德从美国回到家中时，也将对美国的一些印象带了回去。让英格瑞德到现在还十分抱歉的是，那时的她似乎比较心直口快，曾以美国养母的生活方式为标准来看待自己的母亲。她认为母亲的生活并不艰难，虽然曾受过职业培训，却在结婚后就待在家中不用工作，只是照看孩子们，不用亲自做些什么，显得很轻松。那时总会有来自乡村的女孩儿到城市的家庭干家务活儿，而英格瑞德的家中也一直有人做家务，她虽然没有很直接地用“懒”这个词，但母亲听完后眼神一暗，慈爱的目光中流露出一丝无奈与哀伤，看来母亲对她的直言不讳感到伤心了，而且久久难以释怀。

在美国一年的中学交换生活结束后，回到家中的英格瑞德就开始补上一年落下的课程。因为在美国的学校中没有选择数学、科学或者其他理科类课程，回到德国后，英格瑞德需要努力补上许多课程，并继续完成文法学校最后一年的学习。在文法学校有这样的规定，除了一两名最优秀的学生外，每个学生都要在结业前完成笔试后参加口试，而英格瑞德就是那一两名免口试的学生之一。因为一直表现优异，英格瑞德在毕业时被授予中学奖章。那一年，她19岁。

邂逅意中人

青春的年华总让人刻骨铭心。在父母的眼里，小英格瑞德长大了，不仅有主见也更有自信，青春活力的她满脸洋溢着微笑向他们挥手，第二次离开家奔向新的征程——德国南部巴伐利亚省的埃尔兰根-纽伦堡大学。

这也是一个值得记住的年份——1961年，英格瑞德凭借优异的笔试成绩进入了埃尔兰根-纽伦堡大学（在九年的文法学校学习结束后，有一个毕业考试，学生会凭考试的成绩进入大学学习，也就是说大学是没有单独的入学考试的）。这是一所历史悠久的大学，从1742年建校至今已有270多年的历史了。今天，埃尔兰根-纽伦堡大学已经是德国最大的几所大学之一，在德国乃至世界都享有盛誉。

英格瑞德选择这所大学的初衷却是为了一个新学位。她读书的时代，在大学选择专业其实是非常自由的，可以随心选定任何一所大学的任何专业。直到数年后学生数量激增，大学中某些热门的专业才开始限制学生的人数。当时，大哥学的是法律，二哥学了医学，而一般的大学本科学位都是按照专业划分的，英格瑞德因为喜欢很多东西，就希望能够学不止一个专业。她选择了一个可以学到很多东西的新学位，这个学位中包括了社会学、经济学、心理学和五个学期的法律学习。而这个新学位当时只有地处德国南部的埃尔兰根-纽伦堡大学开设，英格瑞德便去了那里。

英格瑞德的另一种考虑便是，从这个混合专业毕业的学生有很多的工作机会。与单独学习法律相比，这些学生因为学过经济学和社会学等，比较有优势。虽然不能像只选择一个专业那样可以对某个专业有深入的理解和掌握，但事实上英格瑞德的同学们毕业后从事了各种各样有意思的工作。而对英格瑞德来说，这个混合专业最大的益处在于能够让她接触到不同领域的知识，且涉猎范围十分广泛。

英格瑞德真是初生牛犊不怕虎，这样的选择让她必须付出比一般学生要多得多的精力。因为在德国，开始本科学习后，学生就会被学校当做成年人对待，而一个成年人就应当自己做决定，有自己的选择，这些内容包括你要学什么专业，怎样完成学业。当然对于学生毕业的要求，学校还是有一定标准的。根据学位课程的规定，英格瑞德每个学期都有社会学的课程，每门课程都需要写论文以及做演讲，或者通过其他的考核方式对所学的内容进行检验，然后才能拿到学分。

埃尔兰根-纽伦堡大学[1]

自从进入大学后，精力充沛的英格瑞德便开始崭露头角。无论是专业课堂还是一些学校的社团，都出现她活跃的身影。她不仅在选择的专业课程上取得了好成绩，还在空余时间参加学校的社团活动，其中之一便是基督教社团。每个大学的基督教社团都会有一个类似发言人的角色，而英格瑞德就被推选担任了埃尔兰根-纽伦堡大学基督教社团的发言人。那时该地区各大学基督教社团的会议，每隔一段时间会定期召开。

当埃尔兰根-纽伦堡大学所在的城市飘起大雪时，英格瑞德迎来了入学后的第二学期。那是1962年1月的一天，鹅毛般的大雪在空中飞舞、徘徊，似乎在期待着什么，总也不愿停歇。英格瑞德重温了准备好的发言稿，因为该地区各大学基督教社团的会议即将在她

① 图片来源：埃尔兰根-纽伦堡大学，http://www.study-in.de/en/life/culture-travel--11875/

的学校召开，英格瑞德将作为埃尔兰根–纽伦堡大学的发言人参加这次会议。作为东道主方英格瑞德和其他接待人员在会议室门口等待各学校代表的到来，她望着窗外那漫天飞舞的雪花，突然想起了故乡——位于北部的奥利希小城，想起了温馨的家，心里暖洋洋的……天虽然冷，代表们的到来让会议室洋溢着春天般的温暖。英格瑞德最后进入会议室，不经意间撞上了一个美丽的微笑，那是怎样迷人的微笑，竟吸引了英格瑞德的目光，她不由自主地想：那个微笑的主人是谁？怎么自己的心不自觉地快了几拍？

会议开始了，各个大学的代表一个个轮流发言，不多久便轮到了慕尼黑大学基督教社团的发言人约翰·莫西斯。原来是他，带着迷人的微笑侃侃而谈，举手投足间无不散发着温文尔雅的气息。他的一个手势、一点笑靥，拨动了少女的心弦。轮到英格瑞德发言了，从小擅长言辞的她从容淡定、直抒己见，精彩的发言博得了阵阵掌声。这个少女散发出的迷人气息和那双美丽的眼睛透出的自信让坐在台下的约翰觉得眼前一亮。他被她的风采深深地折服，他迫切地想要了解她，那个光彩照人的女孩——英格瑞德。

两个年轻人开始找机会攀谈，茶歇、午餐、会后，只要有机会，约翰便转到英格瑞德周围，帮忙拿个文件、问个问题。会议期间，虽然时间不长，却也让两人对彼此都有了初步了解。原来约翰是来自澳大利亚的留学生，他到慕尼黑大学历史系学习，主要希望能够为自己硕士阶段的研究收集与德国相关的资料。

会议结束后不久，约翰便开始频频与英格瑞德联系。他无法解释来德国几年了，遇见了这么多漂亮的德国姑娘，却似乎从未对哪个女孩儿有特别的喜爱，为什么与英格瑞德一见如故，为什么只想和她见面、聊天？

这两个年轻人所在的大学相距几百公里，要见面还真是不易。约翰热切地邀请英格瑞德到自己的大学来玩儿，还答应如果她去慕尼黑，便陪她一起逛逛这个城市。英格瑞德真的去了慕尼黑，她告诉自己想去、要去，可从没有想过是否要征得父母的同意，也压根就没有考虑两个人的国籍。两个年轻人的心就这样近距离地碰撞，他们什么都愿意聊，天南海北，历史今朝，两个人彼此觉得早已熟识。

因为约翰是英格瑞德认识的第一个澳大利亚人，她开始问许多关于澳大利亚的问题，恨不能一下子把这个国家上至天文下到地理都问得清清楚楚。约翰告诉她自己出生于1930年6月10日，年长英格瑞德11岁，他向英格瑞德描绘了自己的故乡——昆士兰州北部的阿瑟顿。讲述了自己从布里斯班技术学院的无线电工程专业毕业后，去了昆士兰大学攻读硕士，因为约翰的专业为历史，需要收集很多与德国相关的研究资料，所以他申请并获得了德国慕尼黑大学的奖学金，开始了在慕尼黑大学历史系的学习，约翰的这些经历让英格瑞德非常钦佩与感动。

在英格瑞德的眼里，约翰的性格十分开朗，总是带着迷人的微笑，与她所认识的男孩儿们都不同。或许是约翰那种澳大利亚人的热情、洒脱，又或者是他身上的那一份稳重深深吸引了她吧。而在约翰的眼里，英格瑞德就像一个好奇宝宝，问每一个问题时的表情都非常迷人，语气中透出的执著令人喜爱。他非常感谢地区大学基督教社团会议，让他有机会遇见了美丽的英格瑞德。

这两个年轻人就这样开始交往了。虽然因为身在两个城市，见面的机会并不算多，但他们越相互了解，越觉得自己是何其幸运能够遇见对方。或许是月下老人悄悄地为他们牵了一道红线，将这两个年轻人绑在一起。才短短几个月时间的交往，两个人已经深陷热恋之中，他们还做出了一个令所有人震惊的决定：要结婚了。

直到这时，英格瑞德才想起应该告诉父母亲。于是，她洋洋洒洒地写了一页纸，字迹略显潦草，却掷地有声：她遇见了一个男人，有一半苏格兰血统，一半黎巴嫩血统，她决定要和这个男人结婚了。热恋中的英格瑞德哪里还顾得上父母的感受，她只认定自己是成年人了，自己的事应当由自己做主。

远在奥利希小城的父母收到此信后就像热锅上的蚂蚁焦急不安，他们深深感到女儿的决定太过仓促，他们并不希望女儿嫁给外国人。思量再三全家决定由母亲和妹妹启程前往英格瑞德所在的大学，一来看看英格瑞德的状况；二来会会约翰。约翰如约等待，英格瑞德母亲看到他的第一句话是“我和我的丈夫反对你们结婚”。这对热恋中的青年突然感到了巨大的压力，英格瑞德能感觉到父母非常不希望他们在一起，她也执著地表示自己的态度：不会轻易地妥协。在后来相处的过程中，英格瑞德的父母渐渐地对约翰产生了好感，也慢慢地接受了约翰，这让英格瑞德如释重负，也非常感谢父母的理解。英格瑞德认为，父母最终很高兴地接受了约翰，是约翰的人品所致。因为约翰并不是一个莽撞的年轻人，他比自己要大11岁，他知道自己要做什么，想要什么样的生活。自此之后，两人的相处变得比较顺利，在英格瑞德父母眼中，约翰是一个很好的女婿，因为他很喜欢自己的家人，并与自己的父母和兄妹都有着融洽的关系。大家都喜欢约翰，就好像约翰来自一个德国家庭一般。

就这样，约翰开始在放假期间到英格瑞德的家中小住。这一年的圣诞节前，约翰正式向英格瑞德求婚了，而求婚也获得了英格瑞德父母的同意。于是，英格瑞德与约翰这对相爱的年轻人决定在圣诞节订婚。圣诞节这天，兄妹们都从各个学校回到家中，一起见证了他们的订婚仪式。

英格瑞德告诉父母，他们不会一直生活在德国，因为在德国，如果要成为一位大学教授，你必须是德国公民，所以约翰作为一位外国学者就必须离开德国。英格瑞德还希望父母能够让自己与约翰早点结婚，而非将一切都拖到最后一刻，这样他们结婚后至少能和家人相处一段时间再离开。

然而因为两个人的学业都还未完成，作为学生的身份结婚在20世纪60年代初的德国实在非常少见。思量再三，一方面这两个年轻人认为早一些结婚可以更好地照顾对方，另一方面他们也希望能够早一些正式向大家宣布他们在一起的消息。终于在1963年9月1日，在征得双方父母的同意后，英格瑞德和约翰这对相爱的恋人在德国举办了婚礼。依照德国的传统，在结婚前夜会有一个聚会，要邀请朋友们参加。聚会上大家会砸陶器，希望那陶器破碎的声音能够将恶鬼赶跑，砸完后要由新郎新娘一起打扫，考验新人能否很好地合作，由此评判两人将来是否能够成为好伴侣。这样热热闹闹的聚会让这对新人非常开心。那个晚上，有父母、兄妹的浓浓亲情，有朋友的热烈祝福，英格瑞德觉得非常幸福；对于约翰来说，在异国他乡结婚，不一样的风土人情奇妙新颖，娇妻依偎让他倍感幸福。

第二天便是婚礼了，婚礼是在奥利希城举行的，婚礼规模不大，却温馨宜人。在德国，法律认证的婚礼和教堂婚礼是分开的，你需要先穿西服参加一个登记婚礼仪式，然后再穿上婚纱举办教堂婚礼，接着是大家一起吃晚餐。那是一个晴朗的秋日，温暖的阳光洒满大地。那天早晨，两人先来到市政厅的结婚登记办公室登记结婚，然后换了婚纱礼服去教堂结婚。参加婚礼的人不算多，有英格瑞德的父母、兄妹、兄长的女朋友——也就是后来的嫂子，还有三个澳大利亚人，他们都是约翰的朋友，因为恰巧正在德国，便欣然接受了约翰的邀请出席婚礼。虽然约翰的父母因为距离遥远和昂贵的路费没能参加婚礼，但能有约翰的朋友出席，还是弥补了一些遗憾。下午大家一起喝咖啡，到了晚上一起吃了一顿热闹的晚餐。晚餐并没有在饭店而是在英格瑞德的家中举办。家里请来厨师准备了一顿丰盛的家宴，音乐悠扬、祝福声声、笑闹阵阵，大家还齐齐举杯，共同祝愿这对璧人一生幸福、白头到老。入夜，按照规矩，这对新婚夫妇便踏上了蜜月旅程。他们是和另一对澳大利亚夫妇一起出行的，这对夫妇在英国华威大学教书，两人搭了他们的顺风车，中途还在附近的小镇休息了一晚，然后第二天启程去往英国度蜜月。从此，21岁的英格瑞德告别了少女时代，正式成为莫西斯太太（结婚后英格瑞德随丈夫改姓莫西斯，后文改称其为莫西斯，并仍称其丈夫为约翰）。

结婚后，他们在德国继续学习和生活了两年。在这两年中，二人经常回到奥利希莫西斯的娘家，有时是暑假，有时是其他的节假日，每次都住上一段时间，与莫西斯的父母、兄妹共享天伦。婚后的社交生活也开始有了一些改变，两人更多地开始与其他的年轻夫妇们交朋友。在大学里，莫西斯加入了很多俱乐部，尤其是组织国际学生进行交际的俱乐部，这些俱乐部能够帮助国际学生更好地融入当地的生活。大概是早年去过美国学习和生活，让莫西斯深深地感到只身在国外求学的种种不易。对于国际学生，莫西斯觉得自己应当认真地倾听并表示友好，在别人需要帮助的时候去帮助他是非常重要的。莫西斯还发现一种现象，无论在澳大利亚、德国还是英国，来自不同或者相同国家的国际学生总会待在一起。但莫西斯认为国际学生能够适当地融入当地的生活，了解当地的风土人情是一件比较重要的事。大学里有很多国际学生活动，其中一个活动就是由当地的家庭邀请国际学生周日去家里聚会，莫西斯认为这种活动的形式很好，也会常常帮着组织或参加。

在经济状况方面，约翰当时还不算真的赚钱，因为他只有奖学金，也会在学校上课赚一些钱。在德国，如果你还是学生，父母是会给一些生活费支持你上学的，不过如果你结婚了，这种资助便会停止。结婚后父亲给莫西斯的生活费便停了，因此莫西斯会做一些兼职赚钱，两人赚的钱只够生活罢了。

这对早早踏入婚姻殿堂的年轻人并没有因为结婚而影响正常的学业，他们的生活正按着既定的轨迹一步一步前进。在学习上他们互相鼓励、互相支持，在生活上他们相互适应、相互照顾。约翰结束硕士学习后，便申请了埃尔兰根—纽伦堡大学的博士学习，并获得了奖学金，开始在德国攻读博士。那时候在德国，博士论文可以用德语或拉丁语撰写，于是约翰选择了德语。应该说这有一定的难度，虽然后来约翰的德语很不错，可是在当时，约翰的写作水平只能算一般。他是1961年1月抵达德国的，在此之前凭借对音乐和德国艺术的兴趣，他曾在昆士兰大学学过一年的德语入门课程。来到德国后，他又修了深入学习德语的课程，并参加了一些讲座，德语水平有了一些提升。不过即便如此，用德语撰写论文的难度还是可想而知的。

莫西斯的大学学习有点类似澳大利亚的研究生课程。欧洲的高等教育体系大致分为两种，其中一种是比较普遍的英国模式，包括本科、硕士和博士的学习；而另一种则以德国为代表，完成学位的时间相对要长很多，在完成课程学习后还要写一篇论文，这一点与中国的大学本科学习是类似的。在大学的课程中，莫西斯可以选择一个学科作为论文的内容，她选择了社会学。莫西斯在本科论文的选题上征求了约翰的意见，她本打算研究德国的商会，不过约翰建议莫西斯可以做一个比较研究，因为澳大利亚的商会制度中的仲裁制度与德国有着很大的差别。莫西斯觉得很有意思，便接受了这个建议。然而在当时的德国图书馆，除了一些历史书外，并没有与澳大利亚商会相关的研究藏书，幸而约翰为她提供了很多相关书籍，对莫西斯的研究有很大帮助。这个研究对并不了解澳大利亚的莫西斯而言，可谓打开了一扇窗，至少她已经开始了解那片土地上究竟在发生着什么。

德国的本科一般为四到六年，通常学生们需要用六到七年的时间才能完成，虽然不是必须的，但大家一般都会用那么久的时间，其中一个重要的原因便是课程学习和完成论文后的一场考试。本科学习快要结束时除了提交一篇本科论文外，学生还需要参加一个综合考试，包括笔试和口试。该综合考试涉及内容广泛，涵盖了某个学科的所有内容，也就是说，并不是你上过什么课，就考什么内容，即便没有上过相关课程，只要属于这个学科，就有可能考到。当时，德国的本科教育体系与英语语言国家不同，在后者的体系中，你完成一门课，然后考试，接着继续其他课程的学习；然而在德国，因为这种考核制度，让学生们对最后的综合考试都十分焦虑，既然不知道考试的内容会是什么，多数学生都会选择一直学习，将考试的日期往后推延。也正是因为如此，在德国和奥地利，有这样一种现象，有的人会在大学校园里一直做学生，因为他们似乎永远都无法准备好参加最后的综合考试。

虽然很难，莫西斯依然用了最短的时间——四年半完成了学业。是因为莫西斯非常优秀吗？这当然是一个非常重要的原因，不过此外似乎还有一个同样重要的理由，因为在莫西斯的本科学习快要结束时，1965年9月，丈夫毕业，拿到了博士学位，并获得了昆士兰大学的聘用。摆在这对年轻夫妻面前的聘书，所代表的不仅仅是一份工作，那是这对年轻夫妇在人生道路上的一次重要抉择。人生就像一条满是分叉的道路，在每个阶段的选择都决定了你将来要走的路。对于约翰来说，接受澳大利亚昆士兰大学历史系讲师的工作将是人生路上一个非常重要的起点。因为昆士兰大学在当时是昆士兰州最好的大学，而昆士兰州也是约翰的故乡，能够回到家乡也一直是约翰的希望。莫西斯似乎没有太多的犹豫，就如同当初决定结婚时一样，既然已经选择了这个有着迷人微笑的丈夫，她决定，继续支持她的丈夫，开始他们最初的事业。因为爱他，所以支持他，因为爱他，所以追随他，莫西斯决定要尽快完成学业，跟随丈夫离开自己的家乡，到丈夫的故乡去，这便是莫西斯的选择。

1965年10月，因为要开始工作，约翰先期启程返回澳大利亚。丈夫离开后，莫西斯似乎颇有些破釜沉舟的意味，为了能够早日与丈夫团聚，她不得不冒险参加最后的综合考试，结束这一阶段的学习。在后来的回忆中，莫西斯对当时的口试还有些印象，她好像被问了一个问题，而那时的她对这个问题没有任何概念，自然也没能给出让人满意的回答。不过好在仅仅一个问题还不会影响到考试的结果，莫西斯最终顺利通过考试，并于1965年11月毕业，获得社会经济学学士学位。

毕业后，莫西斯先回了一趟娘家看望父母与兄妹，同时她的澳大利亚之行也提上了日程。要移居澳大利亚，有许多准备工作要做，还要等待签证。签证的事情并不算顺利，因为莫西斯的签证申请似乎被弄丢了，这让她又不得不重新提出申请。最终成行澳大利亚已经是第二年的4月了。

对于莫西斯的澳大利亚之行，父母终究因为舍不得女儿，内心恐怕谈不上高兴。他们含辛茹苦地把女儿养大、悉心呵护女儿的成长、全力培养女儿的能力，女儿是他们的骄傲，他们多么希望女儿能一直留在身边。澳大利亚对于他们而言是一个非常遥远的地方，别说坐船去那里要大约两个月的时间，就是寄一封信也需要好久才能送达。好在莫西斯结婚以后，他们与女婿相处了大约三年，也对约翰有了一些了解，而莫西斯的婆婆也会给他们写信，莫西斯与约翰又再三向父母保证会尽可能多地回德国去看望他们。父母虽不舍，终是答应了他们的离开，他们知道女儿长大了，也该有自己的生活了。父母理解女儿的幸福所在，他们相信女儿的能力，最终选择了对她的支持。

女儿离开的那一天，父亲和母亲来到码头送行，诸多的不舍终化为一个紧紧的拥抱，没有过多的言语，只是默默地在那里目送女儿远行。眼泪终究落了下来，只是没有让女儿见到，只愿女儿在异国他乡可以幸福、快乐。莫西斯一直倚着栏杆，她是要找一个支撑，因为真正要离开了，对父母、对祖国是那样的难以割舍。就这样，莫西斯带着无限眷恋与对幸福的憧憬，启程前往约翰的故乡——澳大利亚。

定居澳洲

1966年4月，这是让莫西斯难以忘怀的日子，她第二次离开德国。与第一次相比，情况完全不同，这可不是旅行，而是定居!但在莫西斯的脑海里却没有那样清晰的概念。莫西斯出发了，出于经济等各种因素的考虑，她选择坐船前往澳大利亚。那时适逢苏伊士运河被封闭，所以澳大利亚之行要取道巴拿马运河，从路程上比较，要比取道苏伊士运河远些，这倒没有带来太大的影响。因为除经济方面的考虑外，更重要的是她希望有一些过渡的时间，让自己能够调整状态；在适应气候方面也有好处，四月的德国寒风凛冽，如果坐飞机，从起飞到降落只30-40个小时，目的地是热带气候的澳大利亚北部地区，气温变化较大；行李携带方面坐船优势更大，去澳大利亚与丈夫开始新的生活，要带的生活用品很多，包括用于喝咖啡的瓷器等等，虽然没有也不太可能带大型家具，但能够放进橱柜中的小家具莫西斯还是带了不少的，精美的茶具便是其中很重要的一部分。这些东西是莫西斯与之前德国生活的一根纽带，带着它们去澳洲，也算是一种心灵的慰藉，仿佛与家人在一起。

莫西斯对这次出行记忆很深。她与旅客们从德国北部的不莱梅市登船，移民当局的安排是比较周到的，他们希望能够在船上组织英语课，因为船上有来自意大利、南斯拉夫等各个国家的人，有些人甚至连一句英文都不会，这个课就变得很有必要。他们询问坐船的旅客中谁能够教授英语，莫西斯表示自己可以。于是莫西斯成了船上教授英语的老师，教英文课程的资料则由组织者提供，主要是英语入门。原本莫西斯因为一个人旅行，便和其他几位女性同住一间客舱，由于协助移民部门工作，组织者告诉她可以换一间好一些的客舱，莫西斯听后微微感到一丝不快，或许不想因此而拥有特权，她依旧和那些女孩儿们一起待在之前的客舱。

这是一艘一等船，船体巨大，行船相对平稳。这艘大型客船上坐着来自不同国家的人们，虽然语言各异，生活习惯不同，但就像一个临时的大家庭，大家友好地相处，互相帮助，使整个旅程变得十分有趣。从德国抵达澳大利亚需要六个星期的时间，这是一个漫长的海上旅程，因为在小型的英语补习班担任老师，莫西斯认识了许多新朋友。这些新朋友大都是她的“学生”。她主要教大家一些日常的口语表达，回答大家提出的各种问题。看着“学生们”每天都有新变化，老师教得也更带劲了，莫西斯觉得，这可是她在船上的一项最重要的任务呢!她自己也在帮助别人的同时收获了许多快乐。她和“学生们”都感觉日子过得很快。

莫西斯在教英语的空闲，经常欣赏海上的风景。她常常凭栏远眺，看着海上的日出日落，畅想自己的未来人生；有时海上的波澜壮阔，让她突然想起故乡的大海波浪，想起小时候，因为她的家就在海岸线上，有时全家一起出海到附近的小岛游玩，那时她还会晕船呢……

在航行中的客船上，莫西斯和其他旅客一同经历了大海的变幻莫测，刚刚还是艳阳高照、风平浪静，瞬间风大浪高，波涛汹涌。这艘客船较大相对还是平稳些，但遇到大的风浪也摇晃得厉害，会有许多旅客因此而晕船，在莫西斯教授的“学生”中，便有一位50岁左右的德国女士要去澳大利亚看自己的孩子，因为晕船，她这一路上还是非常难受的，时常觉得晕眩，想要呕吐。莫西斯庆幸自己没有遭受晕船的痛苦，但在别人晕船时，她没有闲着，总是帮着端茶递水，悉心照顾。

在海上航行了六个星期后，莫西斯终于看到了澳大利亚的海岸线。当踏上这次旅程的终点站布里斯班——澳大利亚昆士兰州的首府时，莫西斯非常高兴，因为终于可以见到自己亲爱的丈夫了，虽然两人只分别了不到半年，对她而言却恍若数载。

莫西斯回忆，当初夫妻俩鉴于英国和澳大利亚体制类似，打算到英国工作的，如果当时约翰能够在英国找到工作，莫西斯相信他或许会在英国留下来；另外，当时有许多澳大利亚人选择去英国工作，且在学术方面有很多交流，想来这也是他们选择英国的理由。不过当约翰获得了昆士兰大学的工作机会时，他们还是决定回到澳大利亚。约翰刚开始的工作是普通教师，第二年成为了讲师。回到澳大利亚对于约翰来说是工作的起点，可对离开祖国的莫西斯来说却是人生的新起点。虽然莫西斯因为约翰对澳大利亚有了一些了解，然而这里对她来说仍是像谜一般的地方。

1966年的布里斯班市政厅[①]

踏上这片土地让莫西斯觉得莫名的兴奋，这里的一切都让人觉得那么亲近又那么新奇。觉得亲近是因为这里有欧洲的味道，这里的许多建筑物，包括楼房和大桥都与莫西斯在蜜月旅行时看到的英国有着那么多风格上的相似，可见英国文化对于澳大利亚的社会和生活的影响都是极为深远的。这里还有美国的味道，说不上在哪里，可能是人们的热情，也可能是这里自由的空气。这两种味道都让莫西斯觉得无比喜爱。当然这里还有让她觉得新奇的味道，那便是澳大利亚的味道。这种味道说不清，道不明，同样是阳光、海滩，这里的阳光似乎更炽热，同样是邻居，这里的人们似乎更质朴、更享受生活。

① 图片来源：http://www.skyscrapercity.com/showthread.php?t=804970&page=9，图片历史参见：http://www.flickriver.com/photos/intervene/2834784909/, accessed Sep 10, 2013.

来到这片土地上，就不得不开始用英文交流与沟通。虽然英语是莫西斯的第二外语，但这里人们英文的表达与美国也有所不同，需要她在口音方面努力适应。不过对英文基础尚算不错的莫西斯而言，这也算不上太大的困难。总体上，莫西斯对初识的澳大利亚还是颇为喜爱的，加之有爱人相伴，她在澳大利亚的生活就这样愉快地开始了。

相对于文化多元的热闹城市悉尼和墨尔本，60年代的布里斯班就像一个大型的村镇。地处亚热带地区的布里斯班只有50万人口，这里并不是一个大都市，也不是很有特色的城市。从移民的分布上看，这里有很多俄罗斯人、意大利人和希腊人，还有许多德国人，因为这里的大学里有一些德国的教师。从建筑物、饮食文化及生活规律等方面看，这里受英国和美国文化的影响很大，几乎随处可见这种影响的印记，事实上这里更像一个普通的欧洲城市。

莫西斯刚到布里斯班时，对这里的食物还是颇有微词的，她曾开玩笑地表示，那时这里供应的多为英国的食物，实在不怎么好吃。所以要想改善伙食，夫妇俩就会去希腊餐馆。一直到了20世纪70年代，国家开放一些，才慢慢有不同的食物进入超市。除了食物以外，莫西斯觉得这里还有一些奇怪的规定，不过她对这个新家还是满意的。

其实在决定离开德国来澳大利亚生活时，莫西斯没有太多的害怕，至多是有些不安吧。当时在她心中只是悄悄地认为如果不能适应澳大利亚的生活，他们随时都可以回到德国去。能够回家似乎就像是一张安全网，不过莫西斯从没有真的希望自己要跳入这张安全网中。虽然那时没有人生规划，但既然做出到澳大利亚定居的决定，莫西斯希望这个决定是正确的，也希望能够在澳大利亚好好地生活，当然要做到这一点却并不那么容易。

因为丈夫在昆士兰大学工作，夫妻俩便在大学附近租住了一间房子。要想在澳大利亚好好地生活，光靠丈夫的收入显然是不够的。另外，莫西斯也希望自己多年来学到的知识能学以致用。加之父母对她的一贯培养和男女平等的理念，对一切都还陌生的莫西斯就开始寻找一份工作以补贴家用。虽然还未想好做什么样的工作，但找到一份工作是她的期待。但求职还是遇到了困难，特别是澳大利亚对待女性的状况让莫西斯始料未及。

20世纪60年代的澳大利亚还比较落后，整个社会对女性的期待很低。在当时，大学对于大多数女孩儿来说是遥不可及的，有的甚至已经读了高中也可能不会毕业；在工作方面，女性当时被社会普遍认为主要是做好母亲，干家务活儿，做一些慈善工作即可，并不需要做一位独立的职业女性，更谈不上有自己的事业，即使是已在政府部门工作的女性婚后也会辞职。虽然后来在澳大利亚，大学教育开始普及，出现了许多年龄较大的女性学生，但对于当时已经大学毕业的莫西斯来说，真有些不知所措。因为莫西斯是在良好的环境中长大的，父母亲的期望和她的成长环境深深影响着她。她父母认为男孩与女孩拥有同样的学习权力和对职业的选择权，因而男女平等的观念在莫西斯心里根深蒂固。幸而在世界女性运动的影响下，澳大利亚这种对待女性的状况仅延续到60年代后期。大概在1967年，新的法律开始改变这种状况，澳大利亚的女性在学习及就职方面有了改观。此是后话。

当时，莫西斯作为大学毕业生在找工作的过程中遇到了困难。

幸运的是，丈夫约翰向昆士兰大学德语系的教授和人类社会学系的教授提到她，表示自己年轻的德国妻子刚来到澳大利亚，不知道是否有什么兼职可以做，于是莫西斯便这样开始在德语系做了一段时间的兼职代课老师。她十分珍惜这份工作，虽然她并不是学德语的，但因为教的是语言而非文学，对于生长在德国的莫西斯来说还是比较简单并能够胜任的。这个系里没有澳大利亚教师，大家都来自世界各国：新西兰、英国、德国、瑞典等，典型的多元化环境，使莫西斯感到非常自在。这是莫西斯到达澳大利亚后的第一份兼职工作。

这份兼职做了一段时间后，莫西斯开始为人类社会学系主任劳伦斯教授做兼职研究助理。这项工作与她的社会学专业相关，还为她以后的硕士研究积累了珍贵的资料。这位人类社会学教授研究的是巴布亚新几内亚，主要内容为那里的一种特别的传统现象叫货船崇拜（Cargo cults）。现代巴布亚新几内亚的一部分土地在历史上为德属新几内亚，有几十年的历史，因此有很多珍贵的历史资料都是德文的，那位教授需要莫西斯帮助他寻找资料并且将其翻译为英文。

1967年2月，也就是莫西斯到达澳大利亚的第二年，这对年轻夫妇的第一个孩子出生了，莫西斯成为了一位年轻的母亲。这里值得一提的是，莫西斯可算是世界上第一代吃避孕药的女性。他们夫妇在德国的几年一直用此避孕，这在现代人来说是不足为奇的，然而当时堪比第一个吃螃蟹的人，敢于尝试新鲜的事物，不可不说勇气可嘉，想法前卫。在约翰离开德国后，她便停止了吃药，到了澳大利亚也没有再继续服用，因为他们觉得总会在什么时候要孩子，而很快地他们便有了第一个孩子德克。

在刚怀上德克时，莫西斯便告诉劳伦斯教授自己怀孕了，这或许会对自己的研究助理工作有一定影响。劳伦斯教授虽然自己没有孩子，却表示了理解。教授告诉她，她在哪里工作、什么时间工作都没有关系，只要把工作做完就行。对教授的善解人意，莫西斯至今说起还是非常感激的。

在第一个儿子德克出生后，作为学者的约翰时间比较自由，便在家中帮着照看孩子，而莫西斯则去寻找研究资料，然后把资料带回家里翻译。因为劳伦斯教授的理解，在德克出生后，莫西斯一直做着这份兼职，只是工作的地点是在家中。莫西斯忠于职守、努力认真，为了把工作干得出色，夫妇俩人会带着孩子出远门查找资料，寻找研究资料的地点扩展到了悉尼的图书馆或者堪培拉的国家图书馆。

在到澳大利亚开始的几年里，莫西斯夫妇搬了两次家，都是租住的房子。在当时的澳大利亚，拥有自己的房子是比较平常的事。在莫西斯怀孕后，虽然两人没有多少钱，约翰的工资也不高，但他还是很希望能够买一所房子。约翰的两个哥哥资助了他们。其中一个哥哥把钱借给他们，另一个哥哥则和他们一起住进了他们的第一所房子。1968年4月底，也就是大儿子出生后的第二年，他们的小儿子沃尔夫也呱呱坠地。沃尔夫出生后，因为房间不够，哥哥才搬了出去。那时约翰已是高级讲师，工资稍微高了一些，莫西斯实在忙不过来，希望请人帮忙打扫房子，便在那时请了一位荷兰女士每周用几个小时的时间打扫屋子，从那以后直到莫西斯退休，他们的家中一直都请人帮忙打扫。

但这对年轻夫妻却一直没有请人专职照看孩子。莫西斯谈起这一点，觉得颇为自豪，那时的澳大利亚，一般的女性有了孩子后便会待在家中，但莫西斯坚持工作；莫西斯的一些朋友，是昆士兰大学的职工家属，她们也不工作，莫西斯便请她们帮着照看孩子一两个小时；如果晚上莫西斯夫妇有社交活动，像聚会或晚餐之类的，就将孩子交给那时学校里的一个幼儿照看小组。这个小组遵循的是一个交换照顾孩子的机制，小组中的成员们会轮流照看孩子，积累积分，使用自己的积分让别人帮着照看，倒也不需要付钱。而那时莫西斯夫妇居住在布里斯班北部的区域，离大学校区不远，附近有很多大学教职工居住，因此照看孩子没有成为他们太大的问题。

不过对孩子们的照顾依然是莫西斯生活中的主业。如果说在抚养孩子的过程中，有什么让莫西斯觉得是最重要的，那应该是教育了。莫西斯在这一点上做得很好，她秉承自己父母的理念，让孩子们在良好的环境下成长，基本礼仪的教导是必需的，她会利用各种恰当的时机进行适时的教育；遇事耐心地向孩子们讲解，循序渐进地让孩子们懂得做人的道理，通过不断地重复、不断地坚持，让孩子们养成良好习惯，放手让他们做力所能及的事，锻炼孩子们的动手能力和处世能力。不过，莫西斯可能没有想到，她自己对工作的坚持态度，对工作、对家庭的热情、努力，丈夫约翰对妻子的鼎力支持、对家庭的责任心，使家里充满着温馨和欢快，这些都能潜移默化地扎根于孩子们的心灵，会让孩子们得到更多、更深的教育，因为父母是孩子的第一任老师。丈夫称赞莫西斯是一位很有效率的母亲，一位善于教导孩子的妈妈，当然还是一位好妻子。莫西斯在丈夫的理解、关心和支持下，将家庭生活料理得井井有条，看着可爱的孩子们健康成长，她感到莫大的宽慰和幸福。

刚开始几年，莫西斯夫妇因为生孩子、哺育幼儿，没有机会回德国去看望父母和兄妹，不过从1970年开始，每年的圣诞节，也就是澳大利亚大学的暑假（因为地处南半球，气候与北半球相反），他们都会带着孩子们回德国待上几个星期。那期间约翰往往会参加几个学术会议，莫西斯会在兄妹们那里小住几天，然后全家一起去父母那里待上一段时间，这样父母每年可以与外孙们相处，享受天伦之乐。每到圣诞节前，莫西斯的父母翘首以待，孩子们欢呼雀跃，莫西斯也是最开心的时候，这样的生活一直到1982年才有了改变。先是父亲在1979年去世，到了1982年，母亲也去世了，这让莫西斯感到无比伤心。兄妹们决定将父母的老房子卖掉，在整理房子时，兄妹们各自挑选了一些大型的家具留作纪念。大哥打电话问莫西斯需要些什么，因为家在澳大利亚，大物件不方便拿，于是她就要了母亲留下的陶瓷和古色古香的茶具，那是母亲最喜爱的东西，莫西斯希望能够将它们留在身边，也好睹物思人，让父母亲以这样的方式一直与自己相伴。这些古色古香的陶瓷和茶具还映衬出浓厚的德国传统文化，在德国很多人会收集一些单个的瓷器，而非一整套的，主要是咖啡杯，虽然是单独的杯子，却也可以放在一起用，且每个都不同。你当然可以用它们在午后泡一杯咖啡，不过更多的时候它们则是精美的陈列品。

亦教亦学

莫西斯又开始读书了。在小儿子出生后不久，莫西斯便开始攻读社会学硕士。她一边学习，一边做着兼职，一边抚养孩子。这对于女性来说难度极大，而在莫西斯看来却是一个机会，能让自己前进一大步的机会。至于困难么，在她眼里干什么事都会有难度，你把困难放大，那它可能让人觉得难以逾越，你把困难看轻，那它也就微不足道了。当时在澳大利亚有三种类型的硕士，分别是纯课程、纯研究以及研究与课程相结合的硕士，莫西斯选择的是第二种。因为劳伦斯教授的建议，莫西斯基于为教授找到的资料，准备凭着对这些资料几年的研究，从不同的角度，作一篇硕士论文。刚开始的研究还算顺利，然而没过多久，学校发生了重大的变革，莫西斯就读的系进行了整合，人事也有所变动。自己的导师劳伦斯教授随之离开，去往悉尼大学任职了。从那以后，莫西斯换了一位非该领域的导师。由于没有了劳伦斯教授的指导，就没有能够支持自己专业研究的导师，也没有非常明确的目标，她的研究过程变得十分艰难，她感到困难增大。比较幸运的是，在当时的澳大利亚，你可以在职学习很长时间，同时不需要缴纳学费，因此也没有增加生活的负担，只是要推迟毕业的时间了。就这样莫西斯克服困难，经过多年的学习研究，终于在1978年拿到了社会学硕士学位。

时间如流沙，悄悄地从指缝间滑落，几年时间转瞬即逝，如果问逝去的时间带来了些什么，那就是改变。昔日的婴儿如今长大了，莫西斯的两个孩子白天能去学校上学了，对于莫西斯来说终于有充裕的时间从事自己喜爱的研究工作。来澳大利亚这么多年，从德语教学到人类社会学的研究助理，莫西斯做了很长时间的兼职工作，现在孩子到了不需要特别照顾的年龄，自己终于可以做一份全职工作了。在莫西斯看来，女性应当参加工作，这也是自我价值实现的途径。那是1977年，莫西斯经过申请进入昆士兰大学高等教育研究所工作，担任行政助理，她在工作了一段时间后开始将研究兴趣点转向了高等教育。

回忆起在高等教育研究所的第一份全职工作，莫西斯觉得那几年的工作很有意义。她有机会接触高等教育的研究领域，同时工作的内容是组织职业发展课程以帮助教师们深入理解教学。因为工作的关系，她与很多教师进行交流，与大学内各个部门打交道，这对进行高等教育的研究帮助很大。莫西斯在工作中还学会了组织会议，成为一名很好的组织者。这份工作让莫西斯发现了自己的兴趣所在，为之后的研究作了铺垫。莫西斯觉得自己非常幸运，因为研究所的主任对每一位员工都一视同仁，这让她深深感受到工作中所获得的尊重，她总能有机会非常直接与自信地表达自己的意见和看法。高等教育研究所的工作环境让她感到女性在社会工作中可以做得很好，可以充分发挥聪明才智，可以有所作为。在她的内心，希望社会各部门能给更多的女性这样一个平等的工作环境和尊重，她也萌发了为女性争取平等地位和权利的意识。

或许是工作让莫西斯意识到自己对高等教育知之甚少，她决定进修一些教育课程。那时只有南昆士兰大学（当时的达令唐斯高等教育研究所）和新英格兰大学提供远程的高等教育学学历课程，虽然现在许多大学都有这种课程，不过那时候并没有那么普及。莫西斯选择了南昆士兰大学的课程，并开始在职学习。虽然可以远程学习，但还是要去参加学校夏季进行的集中学习授课。莫西斯一边学习，一边从事相关的工作，可谓相得益彰。

因为行政助理是管理工作，工作虽然与学术有关，却不属于学术岗位。1980年，莫西斯拿到了南昆士兰大学教育学的学历后，申请并获得了讲师的工作，开始从行政转向研究。几年后，莫西斯成为高级讲师。虽然有了教育学的学历，但在工作中莫西斯深深感到自己有诸多理由需要攻读博士学位。一方面，莫西斯觉得自己需要在这个领域有更加专业的知识，因为担任大学中的学术岗位，虽然有很多人都不是博士，但你的确很需要拥有博士研究的经历。另一方面，那时的莫西斯已被选举进入昆士兰大学的学术委员会，那是学校最主要的学术管理机构，每个成员都由选举产生，包括各领域的教授们和学校的领导等等，他们中许多人并不是做高等教育研究的，甚至与教育学没有任何关系。而且在学术委员会中女性占极少数。学校里有为数不多的女性教授，她们当中一些人因为她们的职位加入了学术委员会，她们或者是学院领导或者是系主任，其他剩下的成员包括莫西斯在内都是从各个学院中选举出来的。学术委员会中女性不多，却有很多性别歧视者，莫西斯认为，作为一名女性，如果能有一个博士头衔，那么它可以在一定程度上对自己有所保护，能够让自己在大学中的地位有所提升，不过对于是否成为教授，她倒是从未想过。此外还有个原因潜伏在内心悄悄地触动她，那是在完成硕士论文后，其中有一名论文考官认为其实这篇论文可以变成博士论文的。当时莫西斯觉得自己没有那个自信去做博士研究，谁知那位考官的提议竟在她的心中埋下攻读博士的种子，或许她内心酝酿已久只是时机尚未成熟而已。

凡此种种，莫西斯有了要攻读博士的想法。然而此时，莫西斯不仅有两个孩子需要照顾，白天还有全职的研究工作，如果继续深造，这个难度是可想而知的，应该怎样做才能处理好各方面的问题呢？莫西斯就此与丈夫进行了恳切的长谈：如果想要继续做研究工作，自己的专业知识已经远远不够用，迫切需要知识面的扩展；如果去攻读博士学位，需要潜心学习与钻研，读书和写作的工作量很大。然而自己要照顾家庭，又做全职工作，时间实在是不够用。在分析了各方面的情况后，丈夫表示，如果她希望去攻读博士学位，自己可以帮着照看孩子们。莫西斯虽然白天要做全职工作，但可以利用晚上和周末的时间来学习与写作。丈夫这样的表态使莫西斯感动不已，这样的男性在澳大利亚并不多见。丈夫在精神上和生活上对她的鼎力支持，让她坚定了继续深造的决心。思量再三，莫西斯做了决定：努力攻读博士。丈夫也同时做了一个决定：全力支持妻子读博。

终于做出了决定，下一步便是研究领域的选择了。因为之前关于巴布亚新几内亚的硕士研究与莫西斯当时的工作无关，她决定要从事高等教育领域的博士研究，让研究与工作直接相关，这样才能让自己的研究对将来的工作有更大的帮助。在莫西斯的人生中有很多次抉择，这一次的决定不仅仅是为了读博以满足自我的需求，也是女性敢于突破人生瓶颈的有魄力的选择。从那时到后来，莫西斯在人生的每个阶段似乎都很清楚自己需要的是什么，并勇敢地付诸实践，而每一次的奋进又给莫西斯带来了某种意义上的提高。

攻读博士的日子

1982年，这又是让人难以忘怀的一年。莫西斯开始在昆士兰大学高等教育学专业进行在职博士研究。夫妻俩开始了相互支持而又十分忙碌的生活。

莫西斯既要工作又要学习，还要兼顾家庭，时间如何够用？其实每个问题都会有相应的解决办法。对于每天的时间安排，莫西斯受益于科学的时间管理方法的培训。因为她所在的研究所经常为大学教职工组织一些培训，莫西斯在组织之余自己也会参加。在一次关于时间管理的工作室中，提到了一个对自己的时间进行监督的练习，旨在找到每个人最有创造力的时间段，因为这个时间段因人而异。莫西斯在自我监督了一段时间后惊奇地发现，自己最好的、最有创造力的时间是下午五点到晚上九点，而那一段时间正是她接孩子们放学、回家做饭、让孩子睡下、然后洗漱的时间。因此，开始攻读博士后，莫西斯调整了作息时间，一周中有几天，由丈夫约翰负责接孩子们放学、回家做饭，而莫西斯则会留在学校，在五点完成了工作后，猛吸三根烟，让自己换一种状态，然后开始几个小时的论文写作。这样的安排效率很高。到了周六，丈夫便带着孩子们去打板球或者橄榄球，而莫西斯则可以一个人在家里安静地思考、写作，有时她连周日也会工作上几个小时。日复一日，年复一年，莫西斯竟在顺利地进行博士论文写作之余还发表了好多篇论文。她与丈夫一直坚持如此，生活虽然清苦、单调，但距她的奋斗目标却越来越近。丈夫不遗余力的支持成为莫西斯产生创造力的精神支柱和动力，她的研究也推进得十分顺利。后来回想起那个阶段的做饭问题，丈夫还常常打趣说，其实妻子做饭非常好吃，可是读了博士以后便不能给自己做饭了，幸好自己做饭也还不算太差，才没有被饿着。

关于论文，莫西斯主要研究的是大学中的变革因素（affecting change），尤其是变革管理。这与她日常的工作相关，且有许多交叉的地方，对工作的助益自是不言而喻。博士研究的过程中，莫西斯对职业机构中的变革管理有了全面的认识和理解，其内容包括相关的理论知识和实践的内容。她的博士论文涉及变革管理、领导力问题，还有一所大学不同学科之间的文化、公约、规范、模式的差异等，这些差异表现在不同学科对学术人员应发表的论文数量的要求以及对教学人员的认可标准的不同等等。

变革管理中很重要的一个方面是教学评估体系。莫西斯在论文中主要以昆士兰大学为例，对此进行了系统的介绍。因为昆士兰大学是澳大利亚第一批开始并在整个大学全面应用教学评估体系的学校，而莫西斯的工作正与教学评估紧密相关，为研究提供了诸多便利。当然这只是博士论文的一部分内容，此外，莫西斯还专门运用一些其他的研究方法为论文进行数据和资料的搜集，其中很重要的就是访谈法，主要的对象为大学中的教学人员。她访谈了100多位教师，主要询问他们关于如何看待教学、如何做研究以及教学与研究之间怎样相互影响等问题。资料法则是莫西斯的另一种主要的研究方法，她为此参考了诸多相关的论文资料，极大丰富了论文内容。

莫西斯的研究前瞻性强，应用范围广，这是她在投身研究时未曾想到的。因为机构永远都在变化之中，这些变化与变革管理有着密切的联系。她博士论文的研究成果中有一部分内容还被应用到学校的政策制定和教师的发展项目中去，这种学以致用的结果让莫西斯颇感欣慰。事实上，在莫西斯后来的职业生涯中，变革管理的相关知识对她自己的工作都产生了莫大的助益，无论是在悉尼科技大学担任学习与教育中心主任、在堪培拉大学担任学术副校长，还是在新英格兰大学担任校长，所有的职位涉及的工作职责或多或少都与变革管理有着紧密的联系。莫西斯把博士期间学到的所有知识和研究的成果运用到后来的岗位上，让变革管理发挥了巨大的作用。可以这样说，莫西斯在博士阶段的学习与研究为她的职业生涯奠定了很好的基础。

前面介绍过，莫西斯的硕士研究用了相当长的时间，可她的博士研究虽也是在职学习，却只用了三年的时间，非常有效率（一般的全日制学习也需要至少三年）。时间管理自然功不可没，后期可以在工作时间从事研究也是提速的原因。为什么后期可以在工作时间进行研究呢？鉴于她的博士研究成果可以应用于学校的管理以及她日常的工作，学校同意她在工作时间进行相关研究，这对她加快完成博士的攻读也有着不小的影响。莫西斯的博士论文从最初的选题到最后成稿经历了一个不断完善的过程，她的博士生导师正是当时高等教育研究所的所长罗伊（Ernest Roe）。导师不但悉心指导，还给予莫西斯巨大的帮助。在博士研究期间，莫西斯会与导师讨论自己的写作思路、方法和结构，导师会阅读她的草稿并提出修改意见。此外，导师对莫西斯希望发表的论文也会提出批判性的反馈意见。因为在学术界，有时你需要尽早地发表研究论文，通过发表论文来宣布自己的研究领域，告诉大家这是你正在做的；同时，论文的发表对你今后的学术工作也会有正面的影响，因此导师对莫西斯发表论文的做法是支持和鼓励的。

《指导研究生》封面[①]

① 照片来源：作者摄于2013年8月20日。

忙碌的博士学习和工作之余，莫西斯还对其他相关领域有所关注和研究。这段时间，莫西斯撰写的论文和专著中，非常有实践指导意义的一本是1985年由澳大利亚高等教育研究与社会发展出版社出版的《指导研究生》（*Supervising Postgraduates*）一书，这是莫西斯与澳大利亚和亚洲高等教育和发展研究领域的许多同僚共同合作的诸多项目的成果之一。他们当时筹划了一个绿皮书系列，开始了一系列小册子的项目，希望能够对学者们有所帮助。莫西斯撰写的《指导研究生》就是该系列中的一册。

这个绿皮书系列是针对澳大利亚高等教育现状而推出的实用性丛书。事实上在澳大利亚，高等教育的起步较晚，直到第二次世界大战以后，澳大利亚才有第一位博士生被授予博士学位。在1957年的《穆雷报告》（*Murray Report*）中提到，二战后社会对经过专业训练的博士生需求骤增。20年以后，在1978年的澳大利亚校长委员会全体会议上，校长们有了共识：社会对研究生的需求增加，而研究生的研究及方法将应用于生产、服务政府和社会的方方面面，研究生的质量和数量将影响整个国家的发展。在莫西斯撰写这本书时，正是澳大利亚拥有前所未有的研究生人数和研究生导师人数之时，许多高等教育机构非常关心较高的辍学率和较长的培养时间等问题，当时存在的其他问题还有研究生导师经验不足、学生对出现的一系列问题无法解决表示不满、学校的资金支持力度不够、导师的指导方式有待改善等等。在这样的状况下，对于研究生培养问题的探讨就变得尤为必要和紧迫。

其实对教学的理解一直以来仁者见仁，智者见智。在20世纪80年代中期，当时比较前卫的一种观点认为，教师是一名学生学习过程中的帮助者，教师只是学生获取知识的途径之一，学生会有很多种获得知识的渠道，不过这个观点并非所有人都能接受。在许多国家，如中国、德国、澳大利亚长期以来一直存在这样的观点，认为老师拥有知识，而教学就是将这些知识系统地教给学生的过程，学生在这个过程中获得了知识。这两种观点的碰撞也引发了许多学者的研究。

这种争论在当时深深吸引了莫西斯的关注，激发了她对此的研究兴趣。她一直在高等教育研究所组织各种工作室的培训工作，其中就包括在澳大利亚各个高等教育机构对研究生导师进行的培训。虽然没有指导过学生，她却拥有多年的培训经验。为了组织好这些工作室，五年来，她与许多研究生机构进行了沟通，聘请的培训师是一些受到大家认可的高校导师，他们可能来自各个不同的学科，他们会在工作室分享自己的经验、自己的做法，将自己对问题的解决方法与大家分享。为办好每一期工作室，她在筹办期间与许多研究生做了深入的交流，从而归纳出需要解决的问题并有针对性地一一进行探讨。在工作室期间，莫西斯只是作为一个协调者的身份参加，却能从各位专家的演讲中学到很多，受益匪浅。因此，从来没有指导过学生的莫西斯凭借着五年的培训经验，将自己以及大家互动、交流中获得的点点滴滴加以总结，以指南的形式，用简单易懂的语言和较短的文章篇幅，为研究生导师如何指导学生提供了切实可行的建议。

莫西斯在书中主要探讨了导师的责任与作用、如何指导研究计划的建立、如何指导研究的实践与写作、如何阅读初稿以及学生论文提交后的工作程序等各方面问题，并提出了较为实用的建议。她在研究中认为，导师的专业性、个人风格和期望将对学生的整个研究学习过程产生重要的影响。

她在调研中发现，导师们更希望学生能够勤奋、用心、坚持不懈、充满动力、有紧迫性，同时能够对研究课题充满热情、开心地去做研究并有较好的研究环境；学生希望导师能够有能力且理性、认真地指导自己的研究，无论导师自己的状态好或不太好时都能支持学生的研究、理解学生，并有亲和力。[①]

除了这本非常具有指导意义的小册子，莫西斯还在1985年发表了一篇文章《一所大学中系领导在教职工追求卓越表现的过程中扮演的角色》，此文亦是基于莫西斯组织工作室的经验撰写的。虽然很多年过去了，这篇文章仍然具有现实的指导意义。

莫西斯写这篇文章时，虽然没有像导师罗伊那样做过系主任，却因为工作关系与很多系领导和学科带头人打过交道，了解他们工作中多方面的细节，在深入研究了众多相关的资料后，觉得此项研究意义重大。大学是能够为教学和研究提供追求卓越学术成就的环境的。大学在拥有从事研究工作的人才的同时，要提供每个领域研究所需的设施并保证是最先进的；将同一领域的一批学者集中在一起能够营造研究的氛围和环境；为学者提供选择研究课题的自主权更能激发学者的学术灵感，促使新的研究成果的产生。因为大学将具体的管理重任交给了系领导，所以对系领导的选择尤为重要。

莫西斯和同事们一起申请这个研究项目的经费。澳大利亚的申

① Moses, Ingrid, Higher Education Research and Development Society of Australasia.Supervising Postgraduates, Kensington, N.S.W: Higher Education Research and Development Society of Australasia,1985,p 1–5,37–38.

请程序是需要把所有的细节呈现在经费申请的材料中，包括你将要用什么样的数据、怎样应用与推广。因为政府部门希望能够将研究获得的成果普及，所以在这个项目的申请资料中囊括了出版一本书和开展工作室等详细内容。

在申请到这个研究项目后，莫西斯和同事们便开始组织与系领导相关的工作室。与系领导相关的内容有很多，莫西斯在这个研究中主要关注大学的系领导扮演的角色与职能，并通过访谈对教师们眼中期待的系领导的角色做了探究。

研究过程是辛苦的，莫西斯需要埋首于各个时期的国内外优秀文献资料中，从前人的经验中寻找共性以及规律性。经过文献梳理后，莫西斯带着问题在昆士兰大学对普通教师和学校领导进行了访谈和问卷调查，并将调查结果做了整理，用相应的社会科学研究方法进行分析。研究结果表明，在澳大利亚，大学中对系领导的选择在不同时期有不同的做法。

大致以1970年为分界线，在此之前，澳大利亚大学的系领导一般都是教授。这种做法主要是沿用大学的传统，任命教授为系领导，并期望他们能够作为出色的学术研究者和部门领导，从两方面来扮演这个学术带头人的角色。教授对于系里的员工来说既是教学和研究的榜样，也是个人品质和拥有敬业精神的榜样。

1970年之后，大部分大学是将学术研究者和部门领导这两个角色分开，系领导常常是选举产生或者由系里任命，且任期固定。这些人可能是经过各种排名脱颖而出的教学人员，但最常见的还是选择系里的资深员工担任。许多大学将学术研究者和部门领导的角色分开后，对学校的管理将产生什么影响？莫西斯对那些没有教授头衔的领导进行研究后发现，即便领导不能作为激励年轻学者刻苦钻研的榜样，他至少可以集中精力创造一个良好的环境，致力于帮助教师们从事研究，鼓励员工在学术研究中追求卓越；对教学方面不够重视的问题，领导可以通过推动优秀教学表现委员会的工作，来推进对卓越教学的追求。莫西斯在研究中认为，影响或者限制系领导在教师中推行追求卓越的因素很多，包括：过于追求个人的自主、学术自由、设施的提供和支持、共同决策、缺乏清楚的领导与员工间的界限等。因此，系领导的工作有诸多难度，在大学中并不是一个容易扮演的角色。

那么，作为系领导带领下的员工，他们对领导有什么看法？莫西斯通过访谈了解到：许多教师认为，如果领导曾是一位资深的同事且拥有相关的经验，并能够创造最佳的工作环境，善于培养年轻员工，让年轻员工保持他们最初的热情、发挥他们的才能、挖掘他们的潜力、让他们不断追求卓越，这样的系领导，工作才是有效的。对比选举出来的领导，教师们认为，如果他不是教授，他本身会觉得自己的力量有限，需要在所有的事情上询问他的同事或者资深的教职工。因为他的职责往往需要处理好这样几方面的关系，包括那些支持他的员工、校长和系里期望能够在学术上扮演领导地位的教授等。尤其是年轻员工，他们期望领导能够在扮演学术领导角色的同时，为自己的职业发展提供帮助。因而这些教师感到选举产生的领导可能不希望引入改变或满足系里追求卓越的需求。

莫西斯还提到了较为重要的一点，就是关于员工对领导的评价。通常一位领导无法让所有员工满意，然而研究中发现员工们普遍对领导面临的困难表示理解。总体而言，所有被评价的领导的工作还是能被大家接受、被员工们认为较能让人满意的。[①]

莫西斯的上述研究，对大学里对系领导的选择以及作为系领导本人应该如何去推进教师对卓越的追求都有非常重要的参考价值。

1986年4月，莫西斯与导师罗伊合作的《高等教育机构的部门评估》(*Departmental Reviews in Higher Education Institution*)出版，该书是代表澳大利亚高等教育研究与社会发展部门向联邦政府高等教育委员会提交的研究报告。我们现在阅读此书，亦能从中了解澳大利亚联邦政府对高等教育的重视及其管理方法。

在当时的政府层面，联邦政府教育部会资助很多项目对高等教育机构中的部门进行评估，从而了解这些部门的总体情况，以利于政府对高等教育管理工作的展开。而罗伊和莫西斯正是受政府委托，对这些评估项目的结果予以评估。一般在评估项目结束后，需要以一定的方式，跟踪评估项目报告中提出的建议是否得到了落实。因为现实中存在着一些方面未能得到落实的情况，所以需要对这些评估项目进行后续跟踪。这项评估工作，有时莫西斯会和罗伊一起进行，有时两人会分别负责一部分内容。

莫西斯和罗伊在评估的过程中，首先对需要评估(reviews)的内容进行阅读，从而获得相关信息，以期能够有凭有据地去进行评估。然后他们会和那个高等教育机构中所涉及的部门领导进行交流，询问之前评估结果中提出的建议是否落到了实处。询问者在进行过程中需要注意几种工作方式：第一，有访谈的技巧；第二，秉持

---

① Moses, Ingrid.The Role of Head of Department in the Pursuit of Excellence, *Higher Education*, Vol.14, No.4, Springer, Aug., 1985, p 337–354.

《高等教育机构的部门评估》封面[①]

留有余地的中立态度；第三，不能掺杂自己的主观判断；第四，访谈开始前告知对方此次访谈的目的。

莫西斯和罗伊的工作重心就是，围绕“为什么有些建议得到了落实，而有的却没能实现”展开。他们十分关注受访者的态度，以期寻求更有效的调研方法；他们重视受访者反馈的信息，从中找出问题发生的根源；并对受访者提出的意见进行分析、整理后提出解决问题的建议。

在罗伊与莫西斯的研究报告中，对澳大利亚高等教育部门评估的情况进行了多层次的探讨：有对评估委员会与被评估机构如何

① 照片来源：作者摄于2013年8月20日。

参与评估过程的描述——他们认为整个评估的过程应该尽早开始计划与准备，从而能创造一个较好的环境，告知部门中将会被咨询的人员，保证他们能够给予评估足够的时间，这些都非常关键；有对评估报告的撰写问题进行的探讨——评估报告的初稿可能是由委员会主席、秘书或各位评估人员共同撰写而成，他们提出的建议是报告的用词比较重要、支持观点的证据应当充分。

莫西斯在博士期间的研究以及从研究所工作中获得的经验，是她这一阶段人生的巨大收获，也为她后来从事的管理工作和获得的学术成就奠定了基础。

身着博士服的英格瑞德·莫西斯[①]

莫西斯珍惜每一次研究机会，她日复一日辛勤地耕耘，硕果累累的收获季节让莫西斯由衷地感到喜悦。1986年，丈夫约翰和孩子们一起参加了莫西斯的博士毕业典礼。莫西斯身着深红色的博士服，走上台接受昆士兰大学董事长亲自主持的毕业、拨穗仪式。当音乐在毕业典礼大厅里响起的那一刻，

① 图片来源：http://www.canberra.edu.au/media/40gallery/albums/1980s/1984/ccae%201984/slides/academic.html

莫西斯心潮澎湃，多少个日日夜夜的辛苦与付出在脑海中浮现；阵阵掌声中，她对支持、帮助过她的所有人心怀浓浓的感激之意，特别是对丈夫和孩子们；当她郑重地接受了那份沉甸甸的学位证书时，她虽面带微笑，眼角却早已湿润，这个学位证书是对自己一千多个日日夜夜勤奋与努力的肯定。

1986年，莫西斯博士毕业时，儿子们分别是18岁和19岁，大儿子德克在昆士兰大学读书，小儿子沃尔夫在格里菲斯大学读书。哥哥德克更加学术一些，读的是艺术法，而弟弟沃尔夫似乎对学术不太感兴趣，学的是管理专业，并在入学后不久便开始在职学习，在一家百货公司当主管，当然他最后还是完成了学业，拿到商科毕业证书。母子三人同时就读于大学之中，成为一段非常传奇的佳话。

勤奋与收获

时间从不曾在那一刻停留，生活还在继续。莫西斯以前曾数次参加国际性的高等教育会议，接触了世界高等教育领域的发展，在博士毕业后的两年里，莫西斯结合自己的工作，更加深入地对高等教育的发展进行研究，并发表了多篇高质量的论文。

1987年，莫西斯发表了一篇文章《从跨文化的角度探讨教育的发展》。跨文化的角度，也就是审视和比较有着不同文化背景的各个国家在教育发展方面的异同。这篇文章的写作，需要通过实地调查研究即到不同的国家去了解、掌握第一手材料，不仅难度很大而且过程艰辛，整个研究浸透了她的心血。

因为在高等教育领域对教育发展的研究是比较前沿的，当时在各国还没有人进行深入的研究，许多大学对此并不重视。但从20世纪60年代到70年代初，世界的高等教育已经处于规模迅速扩大的时期，也被称为高等教育的黄金年代。研究的人逐步增多，许多国家的大学更是走在寻求发展的前列，建立了教育发展体系。从60年代起，国际社会主要注重的是公民的自由、公平、民主决策等，在这一时期许多年轻人、一些女性和社会的其他力量参与到高等教育的队伍中来，为高等教育的发展注入了新的动力，那些关注公共需求的人们和那些进行教育和学习实践的人们开始重新审视大学的学习与教育。

对一个新领域的开拓，所走的道路往往会曲折艰难，好在莫西斯选择对教育发展的研究是基于她一直以来所积累的国际学术资源。她从1979年就开始涉足国际学术界，那是她第一次参加国际会议，会议的主题是高等教育。事实上在欧洲有很多这样的会议，在英国和瑞典就有很多高等教育领域的专家会参加。莫西斯认为参加国际会议是很重要的，因为它让你站在世界这个层面，开阔了视野，看到了许多可能；你学到了其他国家和体系中的不同研究方法；你对其他国家现有的研究资源也会有一定的了解。

莫西斯决定对五个国家的机构化和教育发展问题进行比较研究，这些国家包括澳大利亚、英国、美国、德国和瑞典。选择这些国家主要基于莫西斯对它们的熟悉程度，当然这些国家中的大学也代表了源于欧洲体系的大学。而这一次的研究是跨文化研究，需要涉及多个国家，莫西斯主要利用自己的休假时间去欧洲调研。让她觉得高兴的是，调研过程中她获得了许多人的帮助，这些人都是她之前积累的人脉，包括很多曾经一起完成项目的同事和在参加国际会议上认识的学者。与德国不同的是，在瑞典和英国，她获得了经费支持，可以没有顾虑地去做研究。一些研究以问卷的方式进行，一些则是以访谈的方式。后来回忆起那时的研究历程，莫西斯对奔走于各地的辛苦仍记忆犹新。那时约翰去欧洲开会，她便会一起同行；有时利用圣诞节假期，她会在探望家人的同时，抽空去几个国家需要调研的地方调查访问。

在《从跨文化的角度探讨教育的发展》这篇文章里，莫西斯主要探讨了澳大利亚、英国、美国、德国和瑞典的大学中教育发展的机构化问题。大学中的教育发展主要包括教学和课程发展、教学人员的专业发展或员工发展，还有教育环境中的组织发展。而教育发展的机构化则指教育发展持续获得机构和学院的支持，也就是说，机构以提供人员经费和支持服务等方式，对目标和活动提供精神上的支持，或以权力下放等方式支持教育发展。如果学院也感到应该提供这些服务，并在使用这种权力的同时将此视为与学院的需要相关，或将这些支持视为机构为员工提供的工作环境中不可分的部分，则教育发展便成功地机构化了。

这五个国家在20世纪60年代至70年代经历了高等教育体系的规模扩大，包括学生人数的增加和学院数量的增加，逐渐建立起教职工发展中心、教学发展中心、教育发展中心或学术发展中心。然而这五个国家的教育机构在这一时期的变革中得到的成果有所不同：因为环境不同，每个国家在机构中进行教育发展的方式也有很大的不同；为了提高教学质量，每个国家进行了相应的调整，其程度也不尽相同；每个国家在中心的机构性整合以及建立这些中心的原因方面都有所差别。然而在所有这些国家中，无论各个大学认为自己是偏重研究还是教学，它们的机构奖励机制都会更偏向于研究的成果，而非教学的良好表现。

莫西斯的研究表明，在这五国之中，大学在教育发展的机构化程度上是有差别的：在美国，一些有一定历史的研究中心在这个领域扮演了领头羊的角色；发展的概念被学院、机构等普遍地接受和实行；对教育发展的资助是以短期的为主，并且此类经费的种类较多，可获得率较高。短期的项目虽然不如长期项目那样稳定，却也能让许多教育发展的支持者和充满热情的人不断加入到高等教育的队伍中来。在澳大利亚，教育发展的机构化改革普及到了最高学历教育的层面，多数大学的中心里有全职的稳定的教职工，他们当中有一些拥有终身教职。然而在教学这个方面，许多教育发展的支持者并没有做出积极的响应，其中很重要的原因是，当时澳大利亚的教育体制更重视科研和论文的发表，即便有支持者去推动对教学的重视，如果没有研究成果的支撑，那些支持者本身也可能被大学淘汰。教学在高等教育中处于无足轻重的地位，这种现象最终让那些教育发展的支持者在推动教育机构重视教学的过程中逐渐消退了热情。在英国，国家重视教学并大力支持对大学教师的培训，会有几所大学专门提供这些培训，以提高大学教师的水平，且培训的种类繁多。在德国，一些新的中心建立起来，使课程、教学和学习的改善机构化。与试验项目和短期项目不同的是，这些中心聘请在编人员。与英国、澳大利亚、美国和瑞典的中心相比，德国的这些中心对其影响力和有效性有着很高的期望。在瑞典，因为中央的体系和中央为培训大学教师提供的经费，使得教育发展中的员工发展被高度机构化。在五个国家中瑞典是独特的，因该国拥有国家层面的员工发展计划，这种国家层面的员工发展由全国大学与学院董事会下属的一个中心负责，为大学中各学院的领导和教职工组织培训，安排与其他国家的大学员工开展合作项目，并在董事会内部进行员工发展项目。尽管各国的发展方式不一样，但教育发展的重要性在这些国家被普遍认可，它的有效性也的确受到广泛的认可。

除了以上不同之外，这些国家也有一些相似之处。在德国、英国、美国和澳大利亚，学院对教育发展的参与度是相似的，这种相似性体现在学院对研究中心、委员会、学术项目等学术功能的开发上。当然所有这些国家的教育发展改革，都是由那些充满热情并参与其中的人去推动的，幸运的是这样的人不在少数。[①] 虽然每一种改革都会经历非常曲折的过程，或许在一代又一代教育发展推动者前仆后继的努力下，这些国家乃至全世界在教育发展方面的进步能够对教育本身继而对人类的发展和进步产生积极的影响。

《教学人员的评价与发展：一所大学的案例研究》封面[②]

除了关于教育发展的研究外，莫西斯另一本有关高等教育的书也在1988年出版，这就是她的专著《教学人员的评价与发展：一所大学的案例研究》。该书是在莫西斯的博士论文的基础上修改而来的。她的博士研

① Moses, Ingrid.Educational Development Units: A Cross-Cultural Perspective, *Higher Education*, Vol.16, No.4.Springer, 1987, p449-479.

② 照片来源：作者摄于2013年8月20日。

究非常前沿，直到该书出版之前不久，职业发展与教职工评价才刚开始在澳大利亚成为公众关注的问题，而且至今仍对高等教育领域具有一定的指导意义。

在澳大利亚的高等教育机构中，自我发展与职业发展两种表达往往同时出现。莫西斯将“职业发展和职业评价之间的相互作用问题”作为贯穿全书的一个重要研究点，主要基于访谈和资料分析的结果展开。访谈的经历非常辛苦，从1983年的后半年进行到1984年年初，用了约半年时间；访谈的人数共104位，都是昆士兰大学的教师；访谈的内容主要与教师们的教学实践、对教学的认识和期望有关；这些访谈的目的在于了解教师们对研究、教学、评价和职业发展的态度，从而通过讨论如何引入和使用评价体系，使其更好地帮助教职工实现其职业发展。

在莫西斯的书中，职业发展是指自我技能的提升以及态度、知识与创新力的积极变化等，而职业评价是指，对个人表现的评定和对部门的评估。莫西斯在研究中主要以昆士兰大学为例，所有研究资料的搜集也都是在该大学中进行的。那么两者之间究竟如何相互作用？究竟哪一种评价与职业发展活动对大学教师的可持续发展更有帮助呢？

莫西斯的研究发现，将职业发展机会作为职业评价的结果，对各方面而言都是有益的。这里的各方面是指学校各级领导与教师的关系，还有教师的工作本身。这不仅能让教师在被评价之前积极地参与到自我提升的活动中去，用职业发展的标准去参与评价，而且能进入“发展–评价–发展”的良性循环。这对于一个大学来说将受益匪浅，因为职业发展的主要目标是帮助教师、研究者和管理者达到各自应当具备的水平。

莫西斯还在研究的最后提出了一系列指南性的核对清单，清单中所涉及的问题可能影响到教师所要求的职业发展类型以及他们所在的机构大环境等等。第一类清单包括为什么要进行评估？谁将接受评估？评估什么？评估怎样展开？评估以后会有什么结果等。第二类清单主要列出了对于见习人员的鉴定所涉及的方面，包括部门的期望是什么？教学和研究的情况怎么样？对学校、职业和社区的贡献有哪些？总体的评价怎样等。第三类清单是为人事决定进行的关于教学的评价指南，包括机构的条件有哪些？自我评估怎么样？同事的评价怎么样？学生的评价是什么等。第四类清单考虑和引入了学生对教学进行评价的调查问卷，包括机构的先决条件有哪些？学生评价的机制怎样引入？如何建立这种评价体系？调查问卷本身应当怎样设计？[①]在这些清单中，将学生的评价纳入整个教学评估的体系当中，这在当时的教学评估研究和实践中都是一种巨大的创新。

莫西斯在博士期间的刻苦学习和一直以来的努力工作带来了累累硕果。粗略地统计：1981年，《研究生学习：导师、指导与给学生的信息》（*Postgraduate study: supervisors, supervision and information for students*）一书由昆士兰大学高等教育中心出版，并于1982年再版； 1982年，《研究生学习：关于引注》（*Postgraduate study: a select annotated bibliography*）一书由昆士兰大学高等教育中心出版。莫西斯在博士研究期间更加关注的内容也就是教学方

① Moses, Ingrid.Academic Staff Evaluation and Development: a University Case Study, St.Lucia, Qld: University of Queensland Press, 1988.P1-4,278-286.

面：1982年，《有效教授课程工作室：1982年2月至7月教职工发展活动记录》(*Workshops for effective teaching*: *an account of academic staff development activities*, *February to July*, 1982)由昆士兰大学高等教育中心出版；1984年，《博士生指导：问题领域与解决途径》(*Supervision of higher degree students*: *problem areas and possible solutions*)由昆士兰大学高等教育中心出版；1985年，《指导研究生》(*Supervising postgraduates*)由澳大利亚高等教育研究与社会发展出版社出版；1986年，莫西斯参与写作的《学术表现评价：对于部门与个人的评估途径》(*Reviewing academic performance*: *approaches to the evaluation of departments and individuals*)由昆士兰大学出版社出版；1986年，莫西斯完成了博士论文《大学中的评估与职业发展》(*Evaluation and professional development in a university setting*)。1986年，莫西斯参与撰写的《高等教育中心的部门评价》(*Departmental Reviews in Higher Education Institutions*)由联邦政府出版服务处出版。

以上提到的这些出版物还不是莫西斯研究成果的全部。仅仅从她出版的丰硕成果中，我们已经看到莫西斯在学习与教育方面的专长，同时也看到了她作为女性是如何经历高等教育，破茧而出，获得成功的。

崭露头角

1987年，莫西斯申请了悉尼科技大学学习与教育中心筹备工作的职位。那时她已是昆士兰大学的一位高级讲师，有了许多研究成果，发表了不少文章，并在澳大利亚的很多大学做过演讲，有一定的国际人脉网络。应该说当时的莫西斯在高等教育研究领域已经有了一些知名度。时值悉尼科技大学要建立一个全新的中心，正在进行人才招聘。莫西斯对照招聘条件，觉得以自己现有的条件可以去应聘。事实上，当莫西斯提出申请时，她的一个曾经在悉尼科技大学工作过、后来去了悉尼大学的好朋友也申请了这份工作，还有其他申请人，因而要获得这个职位，竞争还是很激烈的。悉尼科技大学考虑了各方面的因素，基于莫西斯在学习与教育方面的研究专长，决定聘用莫西斯，这让她惊喜不已。然而真正要接受这份聘书，她却是顾虑重重。

与申请时的情形不同，那时的莫西斯只是抱着试一试的心态，而面对聘书，她要考虑的情况显得更为复杂。

如果能够进入悉尼科技大学工作，能有机会在人生的道路上迈出一大步，将是件让人高兴的事。有一个在悉尼科技大学创办新的研究中心的工作平台，能将自己在博士期间的研究付诸实践，这样一个学以致用、充分发挥自己能力的机会无疑对莫西斯来说充满了吸引力。长时间以来，莫西斯一直都没有申请任何职位，很重要的原因之一，便是孩子们还小，需要她的照顾。现在他们终于长大成人了，而且都已经在上大学，她可以每天工作很长时间，不需要赶着下班回家，为孩子们做饭。这些有利条件，让许多女性羡慕不已，她们曾开玩笑地表示，她们也非常希望能够像莫西斯那样，工作时没有任何后顾之忧。虽然不用照顾孩子们了，但工作的地点却给她出了一道难题。悉尼科技大学位于澳大利亚的悉尼，也就是新南威尔士州的首府，距离布里斯班近千公里，如果选择在那里工作，便意味着要远离丈夫和自己的孩子们。即使不考虑孩子们，但要离开丈夫身边，离开这个生活了20年之久的城市，同时还要考虑世俗的传统观念，莫西斯的抉择不仅需要勇气，更需要家人的支持。

莫西斯自己知道，她这一路走来，虽然辛苦，但总体而言还算顺利。去悉尼科技大学工作是个非常好的机会，却又是一个两难的抉择：家庭与事业之间的抉择。这好像在莫西斯的人生道路上摆放了一块硕大的绊脚石。莫西斯只能将这些情况细细向丈夫作了描述和说明，以期了解丈夫的想法。丈夫得知后，非常的震惊，但他也知道那是一个很好的机会，莫西斯已经得到了这份工作，如果因为自己的反对没有去，那就阻碍了她事业的发展，或许她会对自己很不满。其实，莫西斯觉得自己一直以来都是幸运的，因为她有一个爱护她、关心她、支持她的好丈夫。正如莫西斯所想的那样，丈夫对她的事业表示了一如既往的全力支持，并且商定莫西斯每周回一次家，与丈夫共度周末。莫西斯最终接受了这份工作，准备到悉尼开始每周末一次的远途迁移的生活。

1988年1月，莫西斯怀着对事业的执著和对家人的感激之心，进入悉尼科技大学工作，主持筹建一个“学习与教育中心”。她开始进入管理层岗位，使自己的人生价值得到进一步提升。

悉尼科技大学是一所具有悠久历史的大学。该大学的前身为悉尼技工艺术学校的工人学院，始创于19世纪70年代，1878年被新南威尔士州接管，改名为悉尼理工学院。1969年悉尼理工学院的一部分独立为澳大利亚新南威尔士州科技学院。20世纪80年代，澳大利亚经历了较长时间的社会工资下降和工会运动的兴起，同时对教育与就业之间关系的认知亦发生改变，从之前对教育成就的重视逐渐转向对教育提高个人的那种适应市场需求能力的重视。这种认识上的转变也引发了接下来的高等教育改革。这次改革始于1987年，澳大利亚就业、教育与培训部部长约翰·道金斯向政府提出了一份议案。该议案当时以绿皮书的形式出现，在接受各方意见的同时也受到了许多来自学界的指责，不过该议案最终正式成为白皮书，作为国家重要文件发表。

在这里介绍一下道金斯改革，其主要内容是指：整个澳大利亚的高等教育系统由之前的三级制转向二级制的改革。所谓三级制是指，在中学以上分为三个层级，首先是第一层级的技术与继续教育（TAFE），然后是第二层级的技术高等教育学院，这一层级的学院拥有职业教育课程和硕士课程，但没有博士研究，因为这一层级的学院并不是为研究而创建的；接着是第三层级，也就是为培养教师和做研究而建立的大学，大学中涵盖了各个学科，但有一些学科在第二层级的学院中也会涉及，包括会计、建筑、设计、工程等职业课程，而另一些课程则只在大学层面教授，大学的主要特色是研究。不过医科从来都不属于第二层级，而属于第三层级。这种体系从20世纪60年代建立以来，体系建立者一直表示要保持三个层级之间的差异，并保证对三个层级的学校公平对待。然而事实上这种公平从未实现过。因为大学显而易见拥有更高的地位，在大学中获得的学位比在学院中获得的学位更受到认可。大学的建立主要是为了能让教学人员进行教学和研究的，而学院则并非如此。这次从1988年开始的道金斯改革，正是将上面提到的三个层级中第二层级的学院和第三层级的大学合并，由以前的二元结构（传统的技术学院与独立的高等教育学院）合并为整体的大学架构，这样，之前的三级制随之转变为二级制。

这次巨大的变革不可避免地引发了全国性的大学重组。因为多数排在第三层级的澳大利亚大学是根据所在州的法律建立的，因此州政府对于大学的发展有一定的发言权，州政府在道金斯开始推行改革后，推动了学校合并的浪潮。悉尼科技大学和将在后面提到的新英格兰大学经历的改革都属于这次全国高等教育改革浪潮的一部分。原来的悉尼科技学院变成了大学，并兼并了几个其他的学院，共同组成了今天的悉尼科技大学。新英格兰大学也在那时同样进行了兼并，每个澳大利亚的大学都做了一些变动，之前有一定规模的科技学院都变成了大学，然后兼并其他的学院。只有澳大利亚国立大学没有变化，堪培拉大学更改了名字，没有内部结构的调整。

从1988年到1992年，这个改革持续了几年。莫西斯曾经写过一篇文章专门评估了这个新的体制，称新的体制从某种角度来看，是一种试验。类似的情况也在其他国家发生。像英国，有许多技术学院变成了大学；在德国也有很多第二层级的学院慢慢转变名称，不过虽然学校的英文名中带有大学字样，而在德语名中似乎并非如此。虽然有许多国家都有着类似的改变，澳大利亚则因为道金斯改革的推行成为其中的第一批实践者。1988年，新南威尔士州议院法案通过，将悉尼理工学院升格为悉尼科技大学。

从那时开始，澳大利亚的高等教育领域经历了根基上的变革，改变了之前40年来的传统教育体制，政府资助的项目也开始发生改变。虽然之前的学院变成大学以后终于可以申请以前只能由大学申请的经费，然而这些经费的模式也在改变。开始主要用于学者的研究，任何学者都可以申请这些研究经费。另外，在学者发表成果或者大学有博士生毕业时，政府会另外给予一批经费专门用于大学的基础设施建设。然而老牌的大学依然有它们的优势，因为它们早就拥有能够做研究、发表成果的学者，也早就拥有博士项目；甚至在二十几年后的今天，澳大利亚的老牌大学依然能够拿到多数的研究经费。

这次变革中非常重要的改变除了资金的重新分配外，也同时削弱了传统大学的相对优势。许多学校被迫接受合并，高等教育机构中的学生人数稳步增长。科学与技术作为连接教育与行业的重要纽带在这次变革中受到了前所未有的重视，政府希望通过此次变革能让澳大利亚在竞争日益激烈的国际经济体系中占有一席之地。与此同时，政府在这一时期主要致力于减少预算赤字，加强财务管理，尤其是对那些大额开支的领域（如教育、健康）进行有效的控制。在这次合并大潮中胜出的大学认为，这次浪潮更加注重让澳大利亚的高等教育系统与行业产生密切联系，比以往更加实用主义，使澳大利亚的高等教育系统变得更有效率、有影响力，能够迎合市场的需要。教育开始成为经济的一部分，变得更加市场化，对于教育的评价更多地与教育的效率和效益相关联。①

1989年，也就是莫西斯被邀请加入悉尼科技学院的第二年，依据《高等教育法》中各项条例，悉尼科技大学将顾棱盖（Kuring-gai）高等教育学院与之前的悉尼科技学院、设计学院、科技与继续教育学院合并为现在的悉尼科技大学。

事实上，悉尼科技大学也不能完全算是道金斯改革的结果。在道金斯改革之前，悉尼科技学院因为足够的科研能力已经被批准升格成为一所大学，紧接着因为道金斯改革的要求，该大学又兼并了一些其他的学院。莫西斯是在悉尼科技大学整合后的初创阶段加入的，悉尼科技大学正需要一批人才进行最初的基础学科建设，准备花几年时间进行起步阶段的工作，主要致力于教职工与学校各个项目的整合、加强研究文化的建设，以及建立与整个环境相适应的教育与学习方式。②

莫西斯所负责的是第三部分的内容，即建立与整个环境相适应的教育与学习方式，这亦是悉尼科技大学初建阶段极其重要的

① Sinclair-Jones, Janet A.The idea of the university in Australia in the 1990s.PhD thesis, Curtin University of Technology, School of Social Sciences and Asian Languages.1996.pp.1,197-199.

② UTS, History of University of Technology and Science, http://www.uts.edu.au/about/history.html, retrieved Sep 5th, 2012.

工作。因为悉尼科技大学曾经是一所科技学院，主要是以男性为主导，从学科上便可见一斑。在澳大利亚，工程学的学生大多数是男性，学院中的教师也是一样。悉尼科技大学是一所以工程学为主导的大学，有五个与工程学相关的系或学院，还有计算机工程、数学和经济等，所有这些都是以男性为主导的专业。道金斯改革开始后，学校兼并了其他学院的护士学和教育学等，学生和教师中开始有更多的女性，但当时在整个大学中，有一定资历的女性一共只有五人，或者是副教授或者是教授。莫西斯也经常和她们一起吃午餐，很多年以后还和她们中的几个保持着很好的关系。后来莫西斯在她所在的中心开始招聘女性学者。

莫西斯在悉尼科技大学主要担任学习与教育中心的主任，负责筹建整个学习与教育中心。人们常说万事开头难。因为中心新建，有许多项目要安排，有许多准备工作要进行。一开始，莫西斯每周都回布里斯班，然而因为孩子们都是成年人了，也不常在家，于是后来每到周末，丈夫会更多地去悉尼。莫西斯在悉尼科技大学工作了五年，这样的生活她也过了五年，两人在悉尼买了一所房子，离悉尼科技大学不远，房子简单地做了装饰，就成为他们在悉尼的家，不过布里斯班的家还是留了下来。除了周末回家，莫西斯几乎一整天都待在办公室，忘我地工作。从研究课题的设置到与各个相关研究中心的联系，从教学课程的设置到学校教师的聘用，所有繁琐的细节，莫西斯都亲自一一确认，让学习与教育中心的各项工作逐步走上轨道。

虽然工作辛苦，莫西斯却很有成就感，能将她的所学在这个岗位上充分地发挥，是件让人愉快的事。这期间还曾因为莫西斯全身心投入工作闹过一个笑话。在莫西斯刚开始工作时，因为那是一个新的中心，还没有来得及给莫西斯准备办公室，于是莫西斯就先在咨询室工作了一段时间，后来莫西斯在物理学老师比较集中的区域有了一间办公室。因为物理学在悉尼科技大学地位很高，有一位比较直爽的教授，他有自己的秘书和研究助理，似乎比较有地位。他当时准备搬到另一个大楼，但在莫西斯搬入时，他们还没有搬走。莫西斯到那里适应环境，并和他攀谈。那个教授似乎有一些性别歧视，对莫西斯的态度也略显粗鲁。或许那一代的男性便是这样，他们会说一些笑话，取笑女性。莫西斯虽然觉得不能苟同，但见他们没有恶意，倒也慢慢习惯了，相处了一段时间后，她有时还会告诉他们不要这样说，或者不应该这样说，实际上他们也很好地接受了。因为莫西斯每天总是工作到很晚，只有周末才会回家，慢慢熟识后，那位物理学教授误以为莫西斯还是单身，于是大胆地向她表示希望能够与她约会，这让莫西斯在表示拒绝的同时觉得有些哭笑不得。

作为学习与教育中心的主任，莫西斯工作中非常重要的一部分便是申请相关的项目经费，用于教师的发展。道金斯改革后，很多改革所带来的后续问题亟待解决，政府设立了各种项目，希望能够帮助尽快解决这些问题。这些项目当中，有一个重要的部分正是关于教师发展问题的。政府希望通过这些项目的支持，去提升大学的研究潜力和教学水平。从学院上升为大学，教学的方式就应当有所不同，在校学生经过大学的学习后，应当成为符合大学毕业标准的毕业生，这种大学的要求与作为学院时的要求是有差别的。这些项目经费主要用于支持教师们攻读博士、提升学术水平、完成研究项目等方面。莫西斯所在的学习与教育中心就非常需要这些项目经费的支持。中心的工作让她有了更多的思考，莫西斯认为，这次改革是一个很好的契机，它让人们重新审视自己，既然成为大学，就应当根据大学的标准去要求各项工作。从学院到大学的转变，大家面对的是一个全新的世界，每一位教师、每一个机构都拥有更多的自主权，同时也被赋予了更大的责任。在悉尼科技大学学习与教育中心的工作，对于莫西斯来说，也是通过实践提升能力的大好时机。

在忙碌的中心主任工作之余，莫西斯依然会做一些学术研究。1990年，莫西斯发表了一篇名为《高等教育教学、研究与奖学金》的论文。文章讨论的是跨学科问题，这是莫西斯在高等教育研究所从事博士研究期间就比较感兴趣的课题。当年在昆士兰大学时，莫西斯曾向澳大利亚研究理事会申请经费去研究跨学科的课题，希望探讨跨学科研究对教学的影响以及不同学科对彼此的影响等等。在莫西斯申请经费的同时，另外一位高等教育界比较著名的学者保罗·莱姆斯顿也申请了类似的课题，他是一个英国人，当时在墨尔本大学做研究。理事会希望莫西斯和保罗能够合作进行研究，将这一个项目的经费批给了他们两个人。因此两人开始在澳大利亚范围内对不同学科的教师做问卷调查，主要关注的是大学中的跨学科研究。后来莫西斯接受聘书来到悉尼科技大学，虽然中心工作任务繁重，莫西斯仍然尽量挤出时间进行这个项目的研究，两人有一些合作的文章，其中一些由保罗发表，另一些则由莫西斯发表。《高等教育教学、研究与奖学金》这篇文章便是二人合作项目的研究成果之一。

文章首先清楚地交代了研究背景。1988年澳大利亚就业、教育与培训部长道金斯（J.D.Dawkins）在政策文件中要求高等教育机构能够建立教育档案，因为这些档案将最终决定该教育机构在教学、研究和发展方面具备哪些优势，这些优势还将成为该机构申请经费的基础。这些档案当中，有一些评判指标是与一个研究机构的教学与研究表现相关的，这些评判指标对评定该机构的优势将会很有帮助。在过去的几年中，一些大学试着将发表文章的数量和所获研究经费的数量等作为研究资金分配的指标。澳大利亚大学校长委员会和澳大利亚院长与校长委员会根据英国的定义和经验，建立起一个指标体系。之后澳大利亚就业、教育与培训部把一批学者聚集到一起，对该指标体系进行内容的丰富。然而在建立一个完整的指标体系的过程中，不同学科之间的一些矛盾决定了这个过程的复杂性。当时澳大利亚人文学科的学者非常担心，以理科为主导的标准会被用于评判人文学科的弱势领域。

在这样的背景下，莫西斯在研究中提及不同学科传统、文化之间存在的差异是非常及时的。在澳大利亚乃至世界许多国家的大学中，主导的理念是，无论哪个学科，教学和研究都有益于彼此，也就是说一个优秀的研究者会是一位优秀的教师，研究会给教学以启发，与学生的接触也会对研究有所助益。受到这种理念的影响，任何将教学与研究分开的尝试都会遇到反对的声音。不过在一些国家，如瑞典、美国的大学都有将教学与研究分开的尝试。在澳大利亚同样存在这样的争论，即是否所有的学者都既要做研究，又要进行教学。联邦高等教育委员会曾在1986年“关于高等教育的效率和效益”的评估报告和其他报告中提到了研究和教学经费不能平均分配的问题，报告中认为教学和研究是学者的两个职能，然而因为在一位学者的不同发展阶段，职业的重心会有所不同，偏重也会不同。一位学者是否参加教学或者研究并不是主要的，问题是怎样将教学和研究在恰当的环境中进行很好的结合。

莫西斯在研究中认为，关于研究与教学职能的辩论可能会让这个问题复杂化。因为一个学科的文化与传统影响了这个学科中对研究与奖学金的定义，这种学科间的不同是决策者和学者都应当认识到的。对于这个问题，莫西斯通过一定范围内进行的问卷调查得到了一些研究结果，她以此作为论据，对该观点进行了论证。一方面，研究结果显示，就像在其他文献中提到的那样，教学在不同学科中的地位有所不同。在一些学科中，教学与研究往往是分开的，而另一些学科则不然。此外，在英语与法律这两门学科中，教学和研究兴趣的平衡很重要，奖学金则在教学与研究之间扮演了桥梁的角色。另一方面，在工作的分配、教师与学生的比例、研究资金等方面承认这种不同的存在是非常重要的。一所大学对研究的定义需要包含奖学金的构成，因为在当时的澳大利亚，在大学与学院的合并以及将学院升格为大学的进程中，大学会并入许多没有传统研究背景的教师，和许多有着自己独特学术路径的学者。为了进行学术活动，教师需要时间与资源，就像传统文科领域的教师曾经拥有的那样，这些资源包括提供会议与旅行的经费、建立研究项目的经费、开设教师与学生互动的课程、提供人类学与社会科学所需要的充足且不断增加的图书馆资源等等。莫西斯认为，在一个机构中，用于跨学科评价的指标对人文学科不利，而更有利于物理和应用科学，因为总体而言，人文学科的学者发表的文章数量总体较理科偏少，但篇幅较理科偏长（不过也有许多人文学科的学者发表文章数量很多而理科学者并没有发表论文的情况）。受访的教师们认为，他们当中有的在论文发表方面较为多产，有的则不然，而莫西斯认为，发表文章较多的人应当受到鼓励。

此外，莫西斯在文章的最后还对教学与研究之间的关系进行了阐述，根据不同的理论对一些学科提出了分类的建议，还对四个学科的教师情况进行介绍，以期将研究成果更广泛地应用到教学、研究、奖学金和学科文化建设之中去。[①]及至1990年，莫西斯在高等教育相关岗位上10多年的工作中对高等教育方面的研究有着诸多的成果，发表关于高等教育研究的著作十余部，以及学术论文数篇。莫西斯又将这些研究成果应用到工作中。鉴于她对高等教育研究做出的贡献，莫西斯被悉尼科技大学授予高等教育学教授职称，以肯定她的研究与教学资质。

莫西斯记忆中，她是在中心工作一段时间后申请教授职称的。莫西斯当时担任的学习与教育中心主任是副高级别的，在出现了一个申请成为正高职称也就是教授的机会时，她便提出了申请。递交的申请材料相当详细，需要列出自己的教学理念，还有本人在教学和研究以及对学校的服务方面所做的工作和获得的成就等相关内容。申请递交后还要参加当面的考核，负责考核的是专门设立的委员会。委员会的评审们或来自业界，或来自其他大学。整个过程就像是对自己过去工作的一种检验。莫西斯做了认真的准备。除了准备面试内容，她当时还专门买了一套漂亮的黑色皮衣套装来鼓励自

① Moses, Ingrid.Teaching, Research and Scholarship in Different Disciplines. Higher Education, Vol 19, No.3, Springer, 1990, pp.351–375.

己，那套皮衣是在悉尼买的，穿上后很显精神，心情也格外的好。到了当面考核的那一天，她特意穿上皮衣，感觉十分自信。当时的评审在评选过后见到她时开玩笑地说："哈，这不是那位穿黑色皮革职业装的女士么，我们对你的黑色皮衣印象深刻啊，你一定是专程买来打动我们的吧!" 1989年底，经过复杂的程序，委员会通过决议，决定授予莫西斯教授职称，她感到非常欣慰。1990年1月，莫西斯正式被授予教授头衔。25年后，虽然莫西斯已经不再穿那条皮革裙，然而那件皮衣依然是莫西斯的挚爱，虽然皮衣已经有一些岁月的痕迹，但或许因为保养得不错，又或许莫西斯有着一颗充满活力的心，那皮衣穿在她的身上依然让人感觉到她的神采奕奕，风采不减当年。

关注女性

1990年，莫西斯为澳大利亚联邦政府的就业、教育与培训部调研并撰写的《女性作为研究生参与高等教育的过程中遇到的屏障》一书由澳大利亚政府出版服务处出版。身为女性的莫西斯一直在高等教育领域从事研究，她关注高等教育的方方面面，尤其对女性研究生所面临的屏障问题进行了深入的研究，这在当时澳大利亚的高等教育研究领域被认为是很有价值的研究点之一。

这是一个由澳大利亚研究理事会研究、培训和就业委员会负责的项目，该委员会平时提供的项目很多，包括对博士生和博士后的经费支持。关于女性研究生的项目是"评估和调研项目"的一个子项目。政府往往为了制定政策而需要涉及某个特定的领域或与该领域有一些联系的研究项目，参与项目的每位学者都可以直接向教育部申请某个项目的经费，该项目的研究成果需要对某个方面的政策有一定的贡献。委员会有专门的小组审查提案的内容、方法和项

《女性作为研究生参与高等教育的过程中遇到的屏障》封面①

目的价值，虽然该研究理事会本身是独立的，然而如果是政府参与的项目，往往会关注那些对政策有一定影响的主题，莫西斯所申请的项目便是如此。

其实莫西斯对于女性的关注，是从自身的经历开始的。她一直跟踪观察社会对待女性的态度，在调研中思考，特别对高等教育领域的女性问题有深刻的了解。虽然20世纪60年代的澳大利亚非常落后，但从70年代开始，到后来的80年代，无论工党还是自由党执政的澳大利亚联邦政府很长时间以来，在高等教育领域都强调女性的公平机会，包括大学中的学生和教职工的不同性别比例。联邦政府接手了州政府对大学的管理权后，更以此为契机收集各种数据，对大学的情况进行全面的了解，其中重要的内容是不同学科的男女比例。在工程学领域，基本上没有女性，于是政府鼓励大学开展一些项目吸引女性进入这一领域。在高等教育领域，相关数据显示，在不同资历层面的男女比例，男性大多是在更高的岗位，而女性更多在基层岗

① 照片来源：作者摄于2013年8月20日。

位，你可以看到其中的巨大差别。因此政府开始鼓励女性进入到各个层面的岗位中。在这种背景下，莫西斯所申请的项目就很有意义了。她向该委员会递交了一份申请研究的方案，在方案中提到，女性研究生尤其是博士生是她的关注重点，她将采用访谈法进行研究，她希望了解不同学科之间的差别以及阻止女性成功完成博士阶段研究的因素。因为这正是政府当时比较关心的问题，所以申请顺利地通过了审核。

莫西斯拿到这个项目后开始进行研究。这个研究涉及了八个学科的研究生层面（包括硕士与博士）女性的参与情况，这些学科包括农业、经济、历史、心理学、社会工作、动物学等。莫西斯通过研究发现了许多阻碍女性进入研究生阶段学习的因素和妨碍她们坚持完成该阶段学习的原因。

女性在研究生阶段学习的过程中，会遇到诸多内在和外在的影响因素。其中，学位项目的结构与就业前景是影响较大的外在因素。在结构设计上学校如果通过本科教育阶段的课程安排，培养学生对研究的兴趣并掌握研究需要的技能，那么，经历了这种培养过程的学生尤其是女性就能够在完成本科学习后继续进行硕士和博士的研究。而一些学校在本科学习过程中并没有让学生有独立自主学习的机会，而更多的是采取一种接受型的学习方法，如果要继续研究型学习，就意味着这些学生要从接受型的学习转变为自主学习，这可是一个非常巨大的转变。通常情况下，接受这类本科学习的女性往往不会选择继续攻读研究型学位，即便她们选择继续研究，也无法得到她们所需要的支持。某个领域是否是男性主导或者是否缺乏女性参与，并不会对女性是否继续研究生学习产生影响，然而有一些案例表明，这个因素却可能会影响女性学生是否选择进入大学中的这类学科学习。在研究生尤其是博士生阶段，只有很少具备竞争力和学习动力的女性学生会参与男性主导的研究领域，这些女性往往很难顺畅地与他人进行沟通与交流，平等地参与研究活动，无法感受到她们是被认真地对待或获得与男性同等的研究机会。

在是否选择研究生学习的问题上，除了学位项目的结构因素，就业前景也是将许多女性拒之门外的重要原因。从就业的角度看，如果该专业对研究人员没有足够的需求、就业情况不佳，且对女性的晋升有屏障的话，往往会让女性学生望而却步。尤其是那些对学术岗位的可获得性表示怀疑或对研究在职业构成中的分量并不看好的学生，往往不会选择继续研究生阶段的学习。

在各种内在因素之中，自信的缺乏对许多女性来说是最主要的原因之一。她们对自己的研究能力表示怀疑，认为自己无法获得较好的学术成果或者没有特定的专长，这也成为许多女性继续研究型学习的障碍。如果没有特别的鼓励，她们不会考虑硕士或博士的学习。而那些充满自信的学生，她们往往对自己的研究非常明确。这样的学生不会因为缺乏关于职业、奖学金、学习过程等信息就停滞不前。而这些信息的缺乏却会对那些缺乏自信和鼓励的女性研究生造成或多或少的影响。

许多女性研究生还面临工作、研究生学习和家庭之间的冲突。有很多学生为避免这些冲突，可能会选择那些能够让她们兼顾工作与家庭责任的学位；也有学生认为工作与家庭是无法兼顾的矛盾，于是她们会在短时间内先选择家庭，但她们在人生后来的阶段有可能会考虑选择研究生学习。许多参加研究生学习的女性年龄相对较大，往往与之前的学位学习相隔了较长时间。已婚的女性和有孩子的女性认为职业与家庭，研究生学习与家庭，或者职业、研究生学习与家庭的关系常常互相冲突，让她们感觉到痛苦。但她们一直努力把职业和个人的责任结合在一起。

学校里有一些专业，考虑到女性的不同角色，为她们提供不同的设施、资源、课程计划和延期或休学的规定，这些都能对她们有很大帮助。不过一些专业的女性还是感觉到作为一位母亲或妻子，她们争取奖学金和完成研究项目的能力受到质疑。对于女性研究生而言，在开始这个阶段的学习后，如果能够获得多方面的支持，或许会更有利于她们最终完成学业。这种支持可以来自各种奖学金、导师、所在院系等。

研究表明，奖学金在其中扮演了重要作用。虽然奖学金的缺乏并没有真正地让女性学生对研究生学习避而远之，但的确让她们将研究生学习的计划往后推延。因为大多数专业硕士与非全日制研究生很难申请到奖学金，而那些已经入学却缺乏生活费支持的学生，则需要花较多的时间和精力去做兼职工作以支持学业的继续进行。在一些需要全身心投入的专业中，如果没有奖学金的支持，学生往往不太可能完成研究学习。

导师的指导对多数女性研究生来说比较重要。虽然她们对得到的指导比较满意，然而仍有许多女性学生不像男性学生那样能够积极地寻求与导师的沟通，因此她们往往失去了与导师进行定期和频繁的沟通所能获得的益处。一些女性在研究生学习中可能会需要榜样的力量，不过对所有女性学生而言，能够有一位导师（无论男性或女性）将会让她们受益颇丰，这种受益源于导师所给予的支持，包括鼓励、反馈、知识的传授等。

还有一些情况值得关注，如许多女性研究生会因为各种原因处于孤立的状态。如果是一个非全日制学习的学生，她很难参加系里的所有活动，她会因为自己的家庭责任，常常错过与同学和其他学者交流的机会，而系里也失去了这部分女性学生对活动的积极参与；有一些学位，本来的入学人数就很少，如果女性学生在其中为少数，那么她们很可能面临知识上和社交方面的孤立，并且缺乏有效的支持和反馈。因此从保证学生质量的角度来看，为女性学生提供本专业的支持、鼓励，关心女性在研究过程中通常遇到的问题，提供良好的设施支持，开展正式的研讨会等对保证高质量的研究生学习有很大帮助。①

所有这些因素共同构成了女性在研究生阶段学习过程中所面对的种种屏障。莫西斯对政府、研究机构与学院分别提出了一系列建议。这些建议都来自于访谈。其中就有与在家中照顾孩子的问题有关的建议。鉴于各个地区的风俗习惯不同，人们的处理方式也不尽相同。莫西斯在巴布亚新几内亚做研究时发现，那是一个以大家庭为主导的地区，当她和那里的妇女交谈时，她们表示，有很多亲戚是住在一起的，她们可以帮忙照看孩子。但因为是多人同住，就会出现没有一个独立的空间、或者安静的时间能够坐下来写硕士或博士论文的问题；但在澳大利亚，亲戚们都住在比较远的地方，至少不在一起，这些女性虽然有空间和安静的时间，但却没有人能够

---

① Moses, Ingrid.Barriers to women's participation as postgraduate students. Australian Govt.Pub.Service, Canberra: , 1990.pp.2–5.

在你写作时帮着照看孩子。虽然这些研究结果是相对概要性的，但研究中因为关注的学科内容不同，所涉及的范围较广，还涵盖了对政府、学校和学院的建议，各个机构可以从中获得他们需要的或者与他们相关的内容。

对政府的建议是：一、持续地评估全额奖学金的数量和层次是否足够，增加专业型硕士的奖学金数量，增加非全日制研究生的奖学金，为参加继续教育的女性提供特别奖学金，重视奖学金的分配问题，因为女性一般会选择人类学和社会科学等学科。二、增加对大学中保育中心的资金支持，为教职工和学生的孩子提供政府专项资助。三、发布一些与研究相关的、适合女性的职业信息。

对机构的建议是：一、分配更多的资金对女性学生和教职工的孩子们的保育问题进行支持。二、提供关于导师的指南和对学生的支持，并定期反馈，提供对不同学位项目的管理标准指南。三、收集和发布与女性在学位课程中取得的进展相关的数据。

对院系的建议是：一、在本科与硕士期间为学生提供与继续研究生学习相关的课程、奖学金、指导过程和职业展望等信息。二、特别鼓励女性学生参加研究生的学习。三、保证学生在本科与研究生学习的过程中能够与她们所在专业的女性教授和学者接触。四、建立和维持一个较好的研究环境，在这个环境中激励学生完成高质量的研究。五、在院系内给学生提供学术交流和社交的机会，发展女性学生咨询管理机制，用院系的章程保证女性学生参加这些活动的可能性。[①]莫西斯提出这些建议以期能够改善上面所提

① Moses, Ingrid.Barriers to women's participation as postgraduate students. Australian Govt.Pub.Service, Canberra: , 1990.pp.2-5.

到的一系列问题。正是这本书的研究成果，奠定了莫西斯接下来在高等教育领域积极呼吁女性公平的基础。

总的说来，这是一个有意义的研究，揭示了女性参与高等教育面临的困难，展示了不同学科之间的差别，同时也在一定程度上涉及了年轻女性因为各种原因放弃她们学业的事实。如因为男朋友要去其他的城市，面对这个问题有很大一部分女生愿意牺牲她们的学业，去迁就他人。女性要进行博士研究很难，得到资助去做博士研究也不容易，因此能够继续博士阶段攻读的人数情况就变得不尽如人意了。莫西斯用了大约两年的时间去研究和写作，最后将成果提交政府，并由政府出版，而非进入书店广泛传播。不过这个研究与当时其他的相关研究一起，共同推动了女性在高等教育领域的平等参与状况的改变。

这个研究是莫西斯关注这个领域的一个良好开端，她在工作中，还经常参与一些帮助女性教师的项目。例如她主持了一个写作项目。在对女性进行申请经费和申请升迁方面的写作培训期间，她深深感到要建立女性的自信。因为事实上，女性升迁的比例和男性的成功率一样高，然而女性往往都不那么自信，会等更长的时间，等到自己完全准备好了，符合了所有的条件，做好了百分之百或者百分之两百的准备才会去尝试；而许多男性则抱着试一试的心态。对于这种状况，其实有很多应对的方法，例如保证每个大学理事会中女性占有的席位等等。后来莫西斯进入管理层成为副校长乃至校长后，就制定了一些规则、政策去鼓励女性，给她们提供平等参与的机会。再例如托儿所问题、产假问题等都是公平机会中的重要问题，因为同样是35岁，处于已婚状态下，男性与女性区别很大，女性有了家庭和孩子，世俗观念让她们承担巨大的家庭责任，那么她们往往在这几年中没有什么研究成果。在升迁问题上，应该注意到这种差别，否则女性必然会在这一方面处于劣势。其他还有很多政策，也与解决教职工切身利益相关。

至今，澳大利亚依然不断地制定很多政策以确保女性拥有平等的机会。现在相关的状况已经大有改观，澳大利亚在高等教育领域有了更多的女性校长、副校长与教授。作为女性已经有更多的选择机会了，毕竟整个时代向前迈进了一大步。虽然有些问题还会存在，不过多数男性并没有对这个问题作太多的思考，他们只是理所当然地将他们的重心放在事业上，而女性更多地会在衡量各方面的利弊后做出选择，其结果也是各异的。但只要整个外在的体制不给女性设置障碍，或家庭对女性没有过高的期望，那么一些有志的女性还是能够做自己想做的事；如果有的女性希望选择每天在家等孩子放学，并相对地推迟自己对事业发展的追求，我们也应当尊重她们的选择。

硕果累累

1993年仿佛是莫西斯的收获之年，她一手建立的学习与教育中心已经步入正轨，同时鉴于她在高等教育方面的贡献，莫西斯被悉尼科技大学授予荣誉博士学位。同年，莫西斯与凯斯（Keith Trigwell）合作的《教学质量与专业课程学习的质量》（*Teaching Quality and Quality of Learning in Professional Courses*）一书作为澳大利亚高等教育部门评估与调查项目的资助项目研究成果由澳大利亚政府出版服务处出版。[①]这是莫西斯另一个获得资助的项目，这项研究成果可以说是对莫西斯带领大家几年来努力创建学习与教育中心的成果检验与展示。该书围绕高等教育培养社会所需人才的话题展开，至今读来依然有现实意义。

这个由政府资助的合作项目主要对教学进行了探讨。莫西斯

---

① Moses,Ingrid.and Trigwell, Keith.Teaching Quality and Quality of Learning in Professional Courses.Australian Govt.Pub.Service, Canberra, 1993.pp. iv–ix.

通过对以前一些调查的梳理发现，澳大利亚的用人单位不仅仅要求毕业生有专业竞争力，而且还希望他们有分析能力、创新能力、终身学习的能力，以及善于沟通、对社会背景有敏锐性等的能力。

《教学质量与专业课程学习的质量》一书①

针对社会对毕业生的要求，莫西斯希望能通过高质量的教学，培养学生高质量的学习能力。研究中，莫西斯以悉尼科技大学为案例做了调查研究。她在工程与科技学院对学生进行了问卷调查，并将获得的结果通过学习与教育中心应用于大学的教学系统中。这些调查主要关注的是学生学习环境的质量问题。一个高质量的本科专业，应当包含这些因素：让学生通过参加这个阶段的学习和培训对一个专业的相关内容有比较深入的理解，能够运用学到的知识向他人解释与此专业相关的内容，并对其中主要的概念和它们之间的关联有自己的见解。所有这些都是专业知识学习中比较重要的方面。

在这项研究中，莫西斯与凯斯做了一项调查，主要希望了解教师和学生对学习有什么期望，对学习成果如何看待。学生在选择一

① 照片来源：作者摄于2013年8月20日。

所大学或者大学课程时，往往缺乏相关信息，只会在入学后才拿到大学印发的手册。理想的情况是，学生会在需要的时候获得专业、学习目标、内容简介、教学规划和评价程序等相关信息。根据调查，教师与学生的期望之间存在着差异。学生对于一个特定的学科或者职业的预期往往形成于早期，如果之后没有具体、清楚的解释说明，学生的这些预期将很难改变。同时，他们对能够获得高质量学习结果的教学环境非常重视，那些认为自己采用了较好的学习方法，并将最终获得较高质量学习结果的班级，往往是那些学生对老师的教学评价较高的班级，而那些评价较高的教学实践也往往更能鼓励有成效的学习。学生对教学评价或者对课程评价的改善往往与学习质量的提高直接相关。然而也并非所有的情况都是如此，有一些教师虽然对学生有较高期望，在教学的过程中也采用一些听起来具有创新意义的做法，且非常鼓舞人心，却未能达到预期的学习效果。出现这种情况的学院，其本身的机构设置往往不合理。而一些学院采取了非常有效的教学与评价实践，成功建立了高质量的教学环境。

在实践中，学校希望对学生进行全面的培养，十分重视沟通、交际等通用的技能。然而究竟怎样的教学安排更有效，却成为一个争论的焦点。有人认为，应当将技能类的课作为单独的课程开设，另一些意见则认为这类课应该是作为某个专业的必不可少的一门课来开设。根据研究的结果，莫西斯与凯斯认为这两种模式都是可行的。这些专门培养某个技能，如沟通、社交和团队合作的技能等的课程，往往被学生认为是与这个专业领域相关的，因此学生也会学得更为用心，但上课前教师必须将教学目的、大纲和评价体系向学生解释清楚，说明这些技能的培训是属于他们所在专业构成的一部分。如果这些技能课不与某一专业挂钩而仅仅作为一门独立的选修课或必修课出现，而且没有比较好的教学方式的话，就无法达到预期的效果，因为这些课程往往会被学生认为并不重要，从而影响学生继续培养这类技能的可能性。因此，在后一种情况下，教学方式便显得尤为重要。

那些比较成功地教授学习技能课的教师往往具备以下这些特征：他们负责任、对教学充满热情、准备充分、知识渊博；他们在每堂课使用不同的教学计划；他们以案例研究、项目、讨论、鼓励、工作室、演讲等方式让学生积极参与到课程或教学当中；他们对学生有较高的期望，并激发学生的兴趣；根据背景、准备情况和学位课程的阶段不同采取不同的引导和自主学习的方式；应用不同的评估方式，评价学生的知识、技能的应用和创新等；给学生反馈。莫西斯在访谈中发现，绝大多数教师都有较好的意愿，不太成功的教学往往并非因为教师不认真负责或者身体不适。

根据研究结果，莫西斯和凯斯在建议中提到，教师可以在教学计划中制订阶段性计划，就教师与学生双方对学习结果的预期和学习过程进行探讨。教师需要注意的是，他们设计的教学目标中不能只针对那些聪明、优秀的学生，而应当针对全体学生。同时，应当有人专门考查教师所教授的课程概况，而教师也可因此去思考、探讨教学内容，如对于某个专业学习阶段的学生来说，这个课程与其他课程有什么相关性，教学计划怎样确保大多数的学生能够达到预期的学习目标，怎样的评价方式能够帮助学生学习并了解他们的掌握情况。在一些难度较高的课程学习中，如果能够对基础较薄弱的学生提供比较详尽的指导，那么学生会有更大的提高。

在整个研究调查的过程中，许多学生是第一次被问及他们的专业是什么、他们学了哪些技能、他们是怎样学到这些技能的。也就是说，莫西斯一边采访，一边帮助学生共同建立这些相关的信息。因为教学环境的质量直接影响了学习成果的质量，这份研究报告中提到的一系列教学实践很有实际意义，非常值得各个高等教育机构借鉴与推广。

正当该书进行收尾工作时，莫西斯得知将要去堪培拉大学工作，因为莫西斯事前并不知道自己会有这样的工作调动机会，也算比较意外了。莫西斯虽然和凯斯有一些项目的合作，然而因为调职到堪培拉后，莫西斯与身在悉尼的凯斯的合作就不太可能实现了，于是凯斯只能找一位研究助理帮助他完成他们的研究工作。因此凯斯事实上负责了该研究的所有收尾工作。

堪培拉大学

1993年初，堪培拉大学校长打算设立一个新的学术副校长职位，主要负责教学、研究和国际事务，他询问莫西斯是否对此职位感兴趣。

在澳大利亚的大学，作为校长有很大的自主权，能够独立行使权力。每一位校长都会在审视所在大学的架构后，思考什么样的结构和人员组成是自己所需要的，并针对学校的状况做出相应的调整，力求让整个大学的内部结构能够最有力地支持学校正常、高效地运转，学校的董事会、教师和其他工作人员也都会支持和执行校长的决定，政府亦不会对大学的内部架构有任何干涉。

不过即便校长询问了莫西斯是否对该职位感兴趣，莫西斯依然需要申请并参与应聘的过程。在与丈夫交换意见后，丈夫觉得试试又何妨呢？莫西斯得到了丈夫的支持，便正式提出申请。这一次也像申请悉尼科技大学中心主任时一样，她提交申请书和相关的材料，然后接受了招聘小组的面试，并最终获得了这个职位。正式决定接受聘书后，莫西斯因为手头有项目需要收尾，还有一些其他的工作需要交接，她表示自己在1993年5月底之后才能走马上任。因为莫西斯就要离开悉尼科技大学，作为中心主任的她为学校也为她自己做了很多工作，在该大学的五年是她非常有创造力的五年，学校为了表示对她工作的认可以及对她贡献的肯定，授予她荣誉博士学位，莫西斯感到非常惊喜。

机遇总是青睐有准备的人，已经在高等教育研究领域有所成就的莫西斯迎来了仕途的转折。

1993年5月，堪培拉大学招聘小组正式决定聘请莫西斯出任堪培拉大学主管学术工作的副校长，并将该决定上呈给大学校务委员会。1993年11月10日，在堪培拉大学校务委员会第29次会议上，全体委员会通过决议，任命莫西斯为下一任主管学术的副校长，自1994年1月1日起执行。新的工作对莫西斯来说机遇与挑战并存。从悉尼到堪培拉，从学习与教育中心主任到学术副校长，迎接莫西斯的是更加广阔的发展空间，从某种意义上来说，这是莫西斯作为女性这么多年的努力奋斗得到的社会认可。她走向了一个更为宽阔的舞台，并将在这个舞台上展示自己的能力与风采。虽然这同时也是一次更大的挑战，但莫西斯凭借扎实的专业知识和多年历练所获得的能力，毫不畏惧，坦然面对。此时，丈夫约翰已经从昆士兰大学退休了，这一次他可以和莫西斯一起前往堪培拉，在她的身边支持她。

堪培拉大学校园[①]

堪培拉大学坐落在世界上享有盛名的花园都市——澳大利亚的首都堪培拉。它是一所比较年轻的大学，前身是堪培拉高等教育学院（CCAE），成立于1967年，经过不断地发展壮大，于1990年正式成为大学。现在的堪培拉大学在公平与多元化方面已经颇有成绩。堪培拉大学设3个学部：商学、法学与信息科学学部，传媒与教育学部，健康、设计和科学学部，共招收了来自81个国家的学生，是澳大利亚最具多元文化特色的大学之一。堪培拉大学是英联邦大学协会的成员，与国际上40多所院校联合办学，这也使得学生们能有机会去国外学习和交流。由于坐落在澳大利亚的首都，堪培拉大学在公共政策、公共行政和公共部门管理等方面具备独特的专业优势。值得一提的是，堪培拉大学的设计与建筑系（隶属于健康、设计与科学学部）在堪培拉现行的城市规划决策中扮演了重要角色，通过与相关部门的通力合作，成就了现在以设计与建筑闻名的花园般的堪培拉。

① 图片来源：http://www.canberra.edu.au/university/about, retrieved Oct 25, 2013.

莫西斯进入堪培拉大学时，该大学正在规划发展蓝图，准备大踏步地前进。堪培拉大学充分吸取前身堪培拉高等教育学院的办学经验，保持了职业认证方面的优势，一方面重视培养学生的职业技能，注重实践和实习；另一方面不断提高教学质量和创新能力[①]。莫西斯正是在这样的背景下进入了堪培拉大学担任主管学术的副校长，这个职位与莫西斯一直以来从事的工作、研究有着密切的联系。在这一点上，莫西斯觉得相对得心应手。然而毕竟是从一个中心的工作转变为整个学校的管理，其中又有许多未知的事物需要她去学习、去探索。但莫西斯以她特有的坚忍不拔，不断挑战自我，积累了许多治学与教学方面的管理经验。

这里需要指出的是，从那个时候开始，莫西斯没有再做过需要调研的研究，因为之前的研究都需要通过访谈和问卷调查获得研究数据，而那些方法会耗费很多精力与时间，所以莫西斯在成为副校长以后，不再进行这样的研究。到堪培拉大学后，她的研究成果一般都是关于质量、管理和领导力的，那也是她后来的专长所在。

1995年初，莫西斯结合自己工作的经验发表了一篇名为《澳大利亚高等教育的质量管理与自主管理所面临的紧张局面与发展趋势》（*Tensions and tendencies in the management of quality and autonomy in Australian higher education*）的文章，提出了当时澳大利亚高校管理中面临的问题以及建设性的意见，这些问题其实至今在各个国家仍然不同程度地存在着。

---

① University of Canberra, Minutes of Council Meeting No.29, www.canberra.edu.au/university/governance/council/proceedings/1990-/1993-docs/1993-11-10.pdf.retrieved July 4th, 2012.

文章中提到教师所处的研究环境对外部的要求与对各方面的影响，因为教师们的工作环境如果得到了改善，即这个机构更加的适合做研究，学生也会因此受益。对于教师而言，环境的改善也同时意味着没有紧张的氛围。研究机构的风气应当是支持和奖励那些不断对教学、课程和评估进行改进的教师，这样才能保证学生的学习环境得到改善。然而，随着政府和调查委员会对于公众问责问题的关注，质量的评估已经不再给教师个人留有空间，质量保证与学术上的自主管理成为高等教育系统面临的重要问题。

产生这些问题的主要原因是教师所面临的一系列对他们的自主与创造空间的侵犯，包括表现评价、学生评价、评审、公开询问的压力、学校股东的意见压力、获得研究奖励的压力、发表文章的压力、计划预测与表现的压力等达到了一定的程度，并与资金的支持挂钩。如果这些压力不能很好地解决，可能会导致以下结果：(1)相应的课程会让学生马上找到工作，却无法在社会中担负起领导的工作，或者无法在一个快速变化的环境中表现出一种适应能力。(2)一种“仆人心态”，也就是教师不会随时准备做到他们的最好，而是被要求做什么就做什么。(3)越来越多的教师因为可以获得经费而去研究某些项目，并非这些项目本身有研究的价值或者因为受到好奇心的驱使而去研究。(4)越来越多的文章发表出来，但这些文章除编辑以外没有人阅读，从而导致信息超负荷，浪费了宝贵的资源。

另外，管理人员也承受巨大压力，因为他们需要追随政府的导向，传达所有的要求。对于质量监管与评估过程，许多学校已经尝试了对所有的部门实行统一管理，许多大学建立起质量委员会或有专门负责质量管理的个人或副校长。所有这些在莫西斯看来都是没有必要的。

在研究中莫西斯提出了一些问题：大学教师与学生的直接接触对学生学习的质量和教学的成效有着最直接和重要的影响。教师在一个充满刺激与挑战却同时为他们提供支持的环境中，能够拥有一个高度自主与充满创造性的空间，他们就能更好地工作。当然诸如安全感与非常好的报酬这样一些基本的需求是首先需要被满足的。

那么如何解决这些问题呢，莫西斯给出了自己的一些建议。管理者可以选择许多他们没有充分发挥其效用的方法：(1)他们可以与教师商定一个提高质量的框架，并让各个学院或系在这个框架内工作，这是一个自下而上与自上而下相结合的路径。(2)他们可以在政府的要求与学术工作的属性和教育本身的属性所提出的要求之间做出权衡，从而保证将所有提高质量的战略融入到正常的学术工作中去。(3)他们可以把那些与质量管理相关的行话转变为教育用语，这样普通教师将可以参加讨论。(4)他们可以充分使用教育机构的自主管理权限，将高等教育体系内部发展而来的程序更好地应用到教育机构的管理中去。[①] 莫西斯的这篇研究对今天的高等教育体系依然具有现实的指导意义。

从1994年1月1日起至1997年6月，莫西斯一直在堪培拉大学全身心地致力于学校的治学与教学方面的管理，对工作兢兢业业，她

---

① Moses, Ingrid.Tensions and tendencies in the management of quality and autonomy in Australian higher education,Australian Universities' Review, v38 n1 pp.11–15,1995.

全面管理大学的能力也日渐提升。同时，她还身兼联合国大学的职务，使自己能够从国际的角度去审视高等教育领域（在下一章中论及）。因此，在堪培拉大学的三年半时间虽然不长，但让她积累了丰富的高等教育管理经验，这一阶段所获得的成就，为她后来的成功奠定了坚实的基础。同时堪培拉大学重视职业教育的特色，对莫西斯后来进入新英格兰大学从事教学管理也有着重要的影响。

联合国大学

能者多劳，这个词用在莫西斯身上一点都不为过。工作对于她来说就像公路立交桥，向四方延伸的公路虽然众多却井然有序。1995年，时任堪培拉大学副校长的莫西斯被联合国大学理事会任命为理事会成员，任期六年（1995–2001）。

联合国大学是联合国下属机构之一，总部设立在日本东京，1969年由联合国秘书长吴丹提议组建。1974年，第一届联合国大学理事会成立。成立联合国大学旨在推动国际学术合作，对全球亟待解决的问题进行以问题为导向的多学科研究，加强在发展中国家的研究与培训。

联合国大学理事会成员由联合国秘书长和联合国教科文组织的总干事共同任命，该理事会有一定规模，会员的组成也有一定的规定。联合国大学理事会由24名成员组成，包括以前的联合国官员（如前联合国秘书长科菲·安南）和联合国大学校长。另外，理事会有三个欧洲席位，还有成员来自中国、日本、非洲，只有一位来自南太平洋地区，就是莫西斯。理事会成员主要由知名学者、外交官、政府部长或官员等组成。西方国家的代表更多的是学者，而一些来自传统社会的代表则更多的是政府官员。也许他们希望找一位来自南太平洋地区的代表，或许还需要一位女性，或许是莫西斯发表的研究文章受到关注，虽然不知道自己是如何被提名的，但无论如何有人联系了莫西斯，她本人也感到非常荣幸。莫西斯依靠自己的能力进入理事会，她是管理层中唯一来自南太平洋沿岸国家的成员。莫西斯认为自己被选中是因为自己是一名独立的学者，并代表着整个大洋洲。[①]联合国大学并非真正意义上的大学，在1969年联合国全体会议上，联合国秘书长吴丹在年度报告中描述了所要建立的“联合国大学”，是“拥有真正的国际特点并致力于联合国章程中关于和平与进步的目标”的机构。全体会议进行了可行性研究并指派一个专家小组与联合国教科文组织合作，共同对建立这样一个机构的可能性进行研究。1972年9月，这个专家小组向联合国经济与社会委员会提交了调研报告，12月全体大会通过了这项决定，同意建立一所联合国大学，并正式开始建立全世界第一所国际大学。一个筹备委员会紧接着起草了大学章程与决议，1973年12月由全体会议审议通过。

1974年，第一届联合国大学理事会成立，詹姆斯·海斯特博士被任命为第一任大学校长。1975年1月20日，大学启动仪式在位于

① UNE Publicity Office, UNE Vice-Chancellor re-elected as Chair of UN University council, Jan 11, 1999.http://www.une.edu.au/publicity/newsreleases/january99/001-99.html.Retrieved June 24th, 2012.

东京的临时总部大楼进行。也是在那里，联合国大学的第一批重要研究领域的框架被拟定——世界温饱、自然资源、人类与社会发展，并在之后的30多年里，逐渐在此基础上形成了今天的五个研究领域：和平、安全与人权，发展管理，人口与健康，全球变化与可持续发展，科学、技术与社会。

自1975年正式开始学术活动以来，联合国大学通过发展与世界各地学术机构的伙伴关系，不断发挥其作为国际大学的作用。在联合国大学第二任校长的努力下，1985年3月，联合国大学第一个研究与培训机构在芬兰成立。此后，联合国大学开始逐渐发展，到2011年7月，已经在全世界12个国家拥有15个研究机构与项目，同时还拥有20个附属机构。

联合国大学虽然被称为大学，却没有本科学生或者项目，也不授予任何博士学位。联合国大学没有传统意义上的学生，它的“学生”主要是来自发展中国家的年轻学者和其他专业人士，他们在全世界各个研究机构参与由联合国大学的国际学者进行的网络培训。它在全世界的很多研究中心往往由一个国家主持工作，但其他国家也会共同资助，他们有一些研究项目和一些与科学家的合作等等。

最近，联合国大学章程的修正案中赋予其授予研究生学位的权力，它开始与一些大学和科研机构合作开展联合硕士项目。第一个授予学位的项目于2010年由联合国可持续与和平研究所启动。联合国大学一直在拓展全球机构网络，增加研究生项目的数量，希望以此项目的开展，培养真正拥有国际视野和知识架构去解决国际社会所面临问题的人才。新一任校长还提出了“双子机构”的提议，即每个建立的机构下面至少要有两个办公地点，一个在发展中国家，另一个在发达国家。[①]

1997年，也就是莫西斯被任命为联合国大学理事会成员两年以后，她被选举进入其中的子委员会，然后成为那个委员会的主席。接着又过了一年，1998年，当时正是一位智利代表主持联合国大学理事会，他是一位部长，刚被选举为理事会主席，然而因为智利发生危机，他需要回国，所以理事会需要找一位执行主席代理工作，他们协商后决定请莫西斯代为执行主席的工作，主持理事会的会议。就这样莫西斯成为执行主席。任期结束后，莫西斯于1999年再次被选举为主席，继续在任两年。

莫西斯在2007年于东京举办的联合国大学会议上发言[②]

① UNU, History and Background, http://unu.edu/about/history/#overview, Retrieved Sep 14th, 2012.

② 图片来源：http://archive.unu.edu/events/files/2007/nagaiLecture/index.html Accessed July 21st, 2013.

莫西斯的主要工作是组织理事会会议和其他的会晤。理事会主要是为整体的工作提出方向，例如如果有新的合作或者新的中心建立，需要提出议案在会议上讨论，关于大学的决定、涉及更广泛内容和更高层面的问题也会在这些会议中解决。

联合国大学理事会会议与普通的理事会会议有很大不同，因为在一所大学，通常理事会会议只开三、四个小时，每六周举行一次会议，在澳大利亚的大学会议也都是规模有限的。然而在这里，因为人员来自世界各地，他们会在日本东京开五天会，会议期间所有的委员会都要开会，然后将会议结果向全体理事会报告，因此这是一个非常大的事情，会议时间跨度长，作为主席要将会议办好并不是十分容易的工作。会议有联合国代表讲话，参与者来自不同国家，而联合国也有六种官方语言，虽然大多数人讲英文，但如果碰到了来自法语国家的参会人员，他们会坚持说法语，因此大会需要同声传译人员。翻译的强度是很大的，传译人员平均每十五到二十分钟一换，大会发言人在讲话时需要适时地停下来，让传译人员有时间进行翻译。有一个关于翻译的插曲，莫西斯至今记忆犹新。在一次会议中，有一位来自巴西的联合国人员语速极快，以至于传译人员无法跟上他的速度而出现了翻译暂停。联合国大学理事会会议是一场盛会，委员会主席或者委员会成员和理事会主席、资深的执行官和管理人员将会面并共同设置会议的议程，关注与发展相关的问题。

联合国大学拥有一些大型的项目，如和平与治理、环境与发展等。一般会由相关国家提出议案，理事会通过并由大学执行，有时要资助一个特定的项目，并受到监督。会议中常需讨论是否有足够的资金，资金应当如何分配等。联合国大学工作人员的构成较为国际化，如在荷兰有一个研究所，其主任并非荷兰人，员工也来自世界各地。联合国大学的研究与特定的话题有关，如在非洲的研究主要与食物安全和农业有关。各个不同的机构强调的重点有所不同，在芬兰有一个研究所的工作主要与经济有关，他们研究的是全世界不同国家以及不同时期的经济分布，另有研究所专门研究健康问题。联合国大学的工作内容主要是研究，也会有一些相关的培训。

在联合国大学的工作让莫西斯受益匪浅，然而事实上要参加联合国大学这些工作，莫西斯需要获得学校的许可，因为相关的工作会占用自己一定的工作时间，所以每当接受这样的任务，就需要告知所在的学校或者请求批准。如1995年，正在堪培拉大学担任副校长的莫西斯这样询问校长：联合国大学有人联系她，希望她能够代表南太平洋地区成为该大学理事会的成员，这也意味着她需要去东京参加五天的会议，校长是否支持她接受这个邀请。虽然从常理来看，校长都会表示同意，但这种询问却也是必需的，因为在那段开会的时间你都不在学校，而且是为了与学校不相关的任务，因此需要获得许可。莫西斯倒也没有遭到过拒绝，因为从某个角度来看，学校也能够因此提升自己的知名度。不过会议之前她需要看很多文件，当然这些可以在飞机上完成，因为澳大利亚似乎离多数国家都不算近。

进入理事会以后，莫西斯每年都会参加理事会的全体会议及其他重要会议。1996年在关于大学未来的座谈会暨联合国大学理事会第43次会议上，莫西斯做了题为《大学的未来：亚太视角》的演讲。

演讲中她首先提到了亚太地区各个国家之间的诸多不同，如历史发展、政治体系等，而各国的相同点在于历史与经济的发展对高等教育体系在它们各自国家的发展都产生了重要影响，而高等教育体系的发展则为各国未来目标的实现起到了推动作用。总体上来说，对高等教育以及大学所扮演的角色的认识，实用主义的观点在各国都还是主流的。因此在亚太地区，精英式教育就不会让人觉得惊奇了。大学作为从西方引入的机构，被认为与经济发展有着更为密切的联系。

莫西斯在提到中国时这样说道：像所有其他亚太地区的国家一样，中国把自己定位为面向21世纪。及至1996年中国拥有12亿人口，教育的改革与各个层面的发展尤为紧迫。1993年，中共中央、国务院印发《中国教育改革和发展纲要》，并在其中提到了几点目标，包括到2000年普及九年义务教育、加强职业教育与继续教育、发展高等教育、加强国际交流与合作等。莫西斯认为中学教育与职业教育或继续教育对大学的高等教育生源有着非常重要的意义。虽然在中国，当时的大学入学率还很低，但中学和大学教育同时扩展规模将惠及上百万的学生，并对经济与社会的进一步发展作出贡献。

此外，莫西斯还提到了印度尼西亚、泰国和澳大利亚的大学教育状况。对于莫西斯最为熟悉的澳大利亚她是这样评价的：澳大利亚拥有高度发达的大学体系，在过去的几十年，一直经历着高等教育规模的扩展，并从精英教育转向了大众教育，使高等教育普及化。澳大利亚所有的高等教育机构都是大学。1988年到1990年，澳大利亚从二元的教育体系转变为综合的体系。也就是说大学要集所有的高等教育功能于一体，即精英教育与大众教育、自由教育与专业教育、科学训练与职业训练、教学与研究、研究与发展、发展与服务社会等将作为大学教育的一部分而存在。在澳大利亚，因为在高等教育上的开支过高，参与度过高，政府开始重新思考他们的政策。政府开始停止对于继续扩展大学规模的资助，转而重视对大学现有规模的巩固，希望大学能够更高效、更注重成果，也希望各个大学在国内和世界市场上都更有竞争力。与欧洲源头上的联系让澳大利亚成为传统西方世界的一部分，而其大学亦是西方学术界的一部分。近年来，澳大利亚开始重新定位，更加关注亚太地区，关注亚太地区共同的问题和机会。澳大利亚也同时吸引着众多亚太国家的学生。

莫西斯特别对南太平洋地区进行了介绍，这个地区最特别之处倒不是它由许多的岛国组成，而是这个地区唯一的一所大学是南太平洋大学（USP）。这所大学由南太平洋地区的12个岛国共同管理，并得到了一些国家的支持。虽然有许多政治问题的困扰，这所大学依然能够为来自不同国家的学生提供大学教育。这些学生来自的国家曾被不同的欧洲势力所殖民，拥有不同的社会规范与文化传统，这对于大学来说无疑充满挑战。莫西斯认为南太平洋大学为21世纪的高等教育发展展现了一种模式与可能。她认为进入21世纪，大学需要与国家的目标和不同的文化价值观相符，需要通过对亚太地区共同目标的关注，越过国与国之间的不同，承认国家之间、大学之间、学院与学生之间相互依存的关系，通过合作与联系以及技术向世界开放。然而同时，亚太地区的大学可能会面临一些困难，包括各方力量对于大学声音的压制，各种力量对大学的控制，让大学无法去追求知识的创造，而只是验证已有的知识与理念等。面对这样的困难，莫西斯提出了两个解决路径：开放大学与国际化。

莫西斯认为开放大学主要是传统大学的延伸。许多学生会在校园里完成全日制的学习，享受学校所提供的互动环境，并进行知识的积累，但有一些学生也可以通过开放的学习方式受到大学教育。许多大学已经采用了一些非传统的方式进行教学，例如不局限于课堂的远程教学。远程或者开放大学将帮助一些国家和地区解决如何扫盲的问题，并通过这种途径传播知识，让大家能够平等地获得信息和专业知识。

而国际化则是一种发展趋势。亚太地区许多大学通过学院和学生的交换、休假、合作研究项目、课程的修订等方式积极地融入到国际化当中去。未来，大家所面临的挑战是如何在国际合作伙伴间建立真正的合作、拟定共同的计划。①

1999年，联合国大学理事会在东京召开的第46次会议上，再次任命莫西斯为理事会主席。任命程序是这样的：联合国秘书长在联合国大学理事会的主席任命方面有一定的发言权，常务委员会需进行讨论，如果没有其他候选人，原主席会直接当选，一般而言任期两年。因此，莫西斯第一年是代为执行主席一职，接下来又继续担任两年的主席。她对此感到非常荣幸，同时也幽默地表示，要主持

① Moses, Ingrid.The Future of Universities,Papers presented at the Symposium on5 December 1996, Santiago, Chile.http://archive.unu.edu/hq/special-a/chile4-moses.html.Retrieved July 4th, 2012.

长达一个星期的会议并保证每位成员都能表达他们的观点并能够得出一些结论，工作任务非常繁重。

同年10月，作为联合国大学理事会的主席，莫西斯在联合国教科文组织举办的关于高等教育的会议上发表了关于联合国大学的讲话：作为一所大学，联合国大学与世界上多数大学一样还很年轻。自1975年开始，联合国大学作为一个联合国机构在联合国和联合国教科文组织的资助下自主运行。大学主要致力于促进专家、学者的合作，以努力理解和解决与人类的生存、发展与福利相关的紧迫的全球性问题。

该大学还有一个特殊的任务，就是要通过组建世界学者与研究机构的合作网络，努力为发展中国家的学者创造了解世界的机会。执行这个任务的研究培训中心主要分布在发达国家，包括芬兰、荷兰、日本等。从学者的合作网络来看，近50%的合作学者在西欧与北美，这些地区拥有专家与大学的资金去支持这种合作；而合作机构的情况有所不同，那些在一些协议的基础上进行合作的机构主要分布在亚太地区与拉美地区（亚太与拉美地区有258所，而在欧洲与北美只有146所）。拥有学者并建立和拓展机构合作网络不仅仅是联合国大学的任务，同时也是21世纪越来越重要的一种生产知识与传播知识的运行模式。

联合国大学是一个比较灵活的机构，可以对科学、社会、经济与文化的需求予以关注。最近20多年来，联合国大学开始把活动转向那些曾经部分地接受主持国资助的中心和项目。这事实上反映了一个问题，该问题也是联合国系统的机构与参与高等教育的所有人都面临的重大挑战：如何建立正确的机制，做到拨款到位，真正学会分享、真正懂得合作、真正给所有能够从高等教育中获益的人们提供平等的教育机会？这个问题的提出同时也为当时全世界高等教育的发展指明了方向。[①]

① The United Nations University (UNU), Higher Education in the Twenty-first Century.Vision and Action.UNESCO, Paris, 5-9 October 1998.Volume V-Plenary.

新英格兰大学校长

如果说联合国大学是一个让莫西斯展现风采、发挥能力的国际平台，那么新英格兰大学则是她全面发挥多年来在高等教育领域的工作经验与能力的国内舞台。莫西斯是如何走上这个宽阔舞台的？这一次的应聘经历与之前的工作升迁略有不同。当莫西斯还是堪培拉大学的副校长时，有几个人告诉莫西斯在某些大学有校长一职的机会，询问她是否感兴趣。莫西斯对这些询问皆抱着一试无妨的心态，申请了其中一个职位。她第一次申请的是纽卡斯尔大学（university of Newcastle）的校长一职，提交申请，并接受了面试，不过最后以一票之差未能获得这个职位。接下来新英格兰大学的机会出现了，因为该大学有非常严重的财务困境，大家都劝莫西斯连碰都不应该碰那所大学。不过该大学开始找人时，莫西斯还是与他们取得了联系，并告知他们自己在寻找校长一职的合适机会，然后便将此事放在了一边，并没有十分积极地去争取或申请。

1997年初，新英格兰大学的校长招聘工作组找到莫西斯，询问她是否对校长一职感兴趣，而这一次莫西斯也不需要提交申请。她郑重地思考了一段时间，也询问了身边朋友们的意见。当时新英格兰大学之前的校长虽还未满三年的任期，却必须要离开，后来该大学来了一位执行校长，接着是另一位执行校长，后来还有一位实习校长，这位实习校长是一位已经退休的老校长，他觉得人们已经开始希望学校能够有一点改变，或者说不是一点改变，而是改革，因为教师们开始抱怨学校的管理，怀疑学校一定存在什么严重的问题。或许是他们的一些态度让学校的管理层下定决心寻找一位有能力的校长，也可能是别的什么原因。不过无论如何，整个大学弥漫着希望改变的氛围。莫西斯与身边一些人进行了交谈，他们觉得似乎可以考虑，而莫西斯自己也觉得或许可以一试。

该大学的校长招聘工作组开始在悉尼对校长候选人进行面试，而非在阿米德尔——新英格兰大学的所在地进行。那是1997年2月，莫西斯参加了面试。面试结束后，委员会将面试结果提交新英格兰大学董事会，经过董事会同意后，于4月邀请莫西斯和丈夫约翰去塔姆沃斯城，一个离阿米德尔不算太远的小城会面。这一次依然不是在阿米德尔市，他们似乎害怕将大学的真实情况展现在莫西斯面前。他们将莫西斯夫妇邀请到一个不错的宾馆，并在宾馆的会议室见面。又过了一段时间，有一天，莫西斯接到一个电话，被告知该大学决定由莫西斯担任新英格兰大学校长，并对她表示祝贺。于是在香槟酒与大家的祝贺之后，莫西斯便和丈夫一起开车前往阿米德尔，去看一看那里的居民，见一见学校的员工。因为莫西斯在堪培拉大学仍有需要交接的工作和需要完成的项目，所以虽然那时候还是4月，莫西斯仍表示自己要在7月1日之后才能开始工作。真是无巧不成书，堪培拉大学的校长和董事长都是新英格兰大学的校友，他们对莫西斯表示了热烈的祝贺，并表示无论莫西斯去哪里他们都会为她感到高兴。堪培拉大学的校长一直对莫西斯很宽容，鼓励她去参与学校以外的事务，而莫西斯只要获得支持，也都会去做，她对校长一直都十分感激。

机会又一次光顾了莫西斯。1997年7月，她受新英格兰大学董事会邀请，结束了在堪培拉大学的工作，加入新英格兰大学，成为该大学第一位也是迄今为止唯一的一位女校长。这是对她以前工作能力的肯定，也是莫西斯作为女性不懈努力所取得的成功。不过这次机遇对莫西斯来说也意味着工作更加艰巨了。虽然丈夫是知道此事的，但接受邀请前，莫西斯与丈夫还是进行了深入的交流，她非常尊重家人，知道家人会为她担忧，她想让家人充分了解这次工作的艰巨性和

新英格兰大学校长英格瑞德·莫西斯画像[①]

① 图片来源：http://www.mathewlynn.com.au/Vice_Chancellor_Ingrid_Moses_2005.htmlAccessed Aug 14th, 2013.

自己为之所作的准备。同甘共苦多年的丈夫非常理解她，不仅支持她的决定，还用行动支持她——和莫西斯一起前往新英格兰大学。于是从一开始，在家人的支持下，莫西斯便决定在新英格兰大学安定下来，要把这里作为自己退休前的最后一站。

前文曾提及20世纪80年代末到90年代初的大学合并与重组浪潮，整个澳大利亚高等教育体系都经历了一次大洗牌，新英格兰大学也经历了重大改革。从1989年开始，历时五年，该大学经历的重大改革共有两次。第一次，根据《新英格兰大学1989年法案》（*The University of New England Act, 1989*），该大学被组建成为一所多校区的大学，包括：阿米德尔校区和利斯莫尔校区。1990年，橙农学院也并入了多校区的新英格兰大学，另有一个科夫斯港中心亦归新英格兰大学所有，主要通过阿米德尔与利斯莫尔校区的学术部门提供课程。第二次改革是在1993年11月，新南威尔士州议会两院共同通过《新英格兰大学1993年法案与南十字星大学1993年法案》（*The University of New England Act, 1993 and the Southern Cross University Act, 1993*），新英格兰大学被再次重组，这项法案主要作用为拆解多校区的新英格兰大学。于是从1994年开始，新英格兰大学只拥有位于阿米德尔的一处校区。一所新的南十字星大学同时成立，拥有利斯莫尔校区与科夫斯港中心。之前的橙农学院则合并到悉尼大学。这种合并的确影响了大学的特点与内部的文化。

因为变革带来的影响，还有大学校长的频繁更替，新英格兰大学的整体情况变得非常不稳定。在莫西斯刚刚就任时，新英格兰大学的前景正像阿米德尔冬天的晨雾，让人看不清楚太阳出来的方位。当时这个学校是一所令人非常不满意的机构。在这样的大环境下，莫西斯毅然选择来到新英格兰大学接手校长的工作，可谓勇气可嘉。

新英格兰大学位于澳大利亚东部新英格兰地区的阿米德尔，一个仅有两万多人的小城市。这座城市实在太袖珍了，用当地人的话说，这里到哪儿都是5分钟。但这座在地图上不起眼的小城市，如今已经发展成为澳大利亚受教育程度最高的地区之一，是一座颇有名气的教育城。

新英格兰大学的布伦闵巴[①]

新英格兰大学作为阿米德尔唯一的一所高等教育学府，与这座城市血肉相连，浑然一体。从山顶望去，这座小小的山城里，很难

① 图片来源：http://moodle.une.edu.au/pluginfile.php/162/course/section/61/normal_Bool%20Night%20small%2010-46-58.jpg, accessed Oct 25, 2013.

分清哪是大学哪是市镇。然而，“布伦闵巴”——一座建在山上的老房子，却是新英格兰大学绝对的核心。在莫西斯看来，布伦闵巴就像新英格兰大学的新房，因为学校最早是从这里开始的。那是在1938年，悉尼大学新英格兰学院在这里落成。1954年，新英格兰学院升格成为大学。这所学校的6位校长中，莫西斯是其中的第一位女校长。

作为一位女性校长，莫西斯没有感觉到太多因自己的性别带来的不便。虽然时常面对很多问题，她却能够较好地去应对。在决定来新英格兰大学前，因为这是一所偏重理工科、男性主导的学校，有人告诉莫西斯，她在这里的日子应该不会好过。但事实上，莫西斯觉得与大家开会或者一起工作，她并没有感觉到人们对自己的刁难或者忽视，虽然她并不知道大家是否在她背后议论些什么。莫西斯在新英格兰大学工作时的第一位董事长是女性，她自然不会容忍任何对女性的歧视。在大学里，有一些人会对任何人都感到不满，可当你是校长时，没有谁会对你表现得真正不满，他们会试图给你带来一些问题和麻烦，但那也不是很糟的情况。领导层以男性居多，也有一些很优秀的女性，她们在改变人们某些固有的传统观念方面有一定的影响力。莫西斯的团队很多年来一直试图寻找一位女性的理学院院长，然而要寻找一位合适的资深女性院长，过程颇为艰难，不过功夫不负有心人，最后在莫西斯离任前他们终于找到了一位合适的人选。

在当时，校长这个职位对于莫西斯究竟意味着什么，她并没有太多的概念。虽然她在堪培拉大学做过三年半副校长，其中还做过一段时间的执行校长，不过作为执行校长，人们不会将重要的事情让她处理，他们会等待真正的校长。所以莫西斯在走马上任之时，并没有做好充分的准备，她没有意识到新英格兰大学有多么严重的问题存在。事实上问题很多，涉及方方面面，包括学校政策不能得到执行、员工问题、财政危机等等。因此在最开始的阶段，新英格兰大学的状况糟糕到难以形容，借用莫西斯的话说，她就像打开了一个衣柜，柜中的骷髅就这样掉了出来。

刚到新英格兰大学时，位于布伦闵巴的办公室还未完成整修，莫西斯便暂时在其他的办公室工作。在她就任后的第二年，也就是1998年，所有的房间都修整如旧，完全保留了原来的风格与格局，校务委员会正式搬进这座有着一百多年历史的房子。

莫西斯在刚到新英格兰大学的任职讲话中这样表示：她希望能在这里为自己毕生的事业画上圆满的句号。她来到这里展现给学校的第一个行动就是身体力行。她从一开始就吃、住在学校，这对所有在这儿工作的教师们都是一个很重要的信号——她对这个学校有着认真的承诺，不会把这个学校当做寻求其他发展的跳板。她表现出来的事业心对人心涣散的新英格兰大学来说无疑是一针强心剂。

新来的校长很快得到了大家的信任，新英格兰大学又开始成为一个整体。大家逐步地达成共识，要让这所学校变成更加开放的大学。具体目标是：与当地的经济发展建立密切的联系，开始逐步建立学校在澳大利亚和国际上的声望。新英格兰大学在莫西斯的领导下，经过几年努力，慢慢地成为一所稳定发展的大学。

因为当时大学的情况十分艰难，莫西斯也懂得与不同的利益相关者经常进行沟通以及保证行政的透明度是十分重要的。在这所对莫西斯而言是全新的大学里，所有的困难都是新的，她需要学会自己去判断究竟谁的话是可信的，因为每个到莫西斯那里进行交谈的人都会有自己的故事，每个人都有自己想要的，因此她需要很快地辨别谁是自己能够相信的。在这一点上，莫西斯对自己识人的能力颇为自信。一般情况下校长到新的地方工作都会带着自己的主管到任，而莫西斯却有自己的一套方式，她在新英格兰大学上任伊始就沿用了之前校长办公室的行政人员，她认为自己这么多年在不同的大学与各种人一起工作，慢慢形成了自己对人的判断能力。办公室的这些女性们果真不负所望，工作很努力，对莫西斯的工作非常地支持。她们对这所学校很了解，工作上有经验，她们会告诉莫西斯真实的情况，或许她们的判断力和其他人并没有什么不同，然而她们了解这里的人，知道学校中的流言，虽然作为校长不应该听流言，但有时这些信息却是非常有帮助的，莫西斯认为能够识别出人们的话中真实和正确的部分是一种非常重要和必要的能力。

在面临学校困境时她告诉自己，不要试图假装一切都很好，因为实际情况并非如此。这么多年的工作让莫西斯学会了大胆地提问，因为你需要答案，需要得到人们的支持。虽然作为一位校长，有时提的一些问题会让你感觉自己很无知，不过即使是这样，莫西斯也没有试图假装自己无所不知，而是更加用心地去聆听。莫西斯的坦诚也让这里的人们感受到一种不同，他们实实在在地接收到一种诚意，那是来自学校高层解决问题的认真态度，他们非常欢迎，这同时也激发了大家想要共同改变这所大学现状的愿望。教务委员会主任在后来谈到莫西斯时这样表示："她的个性很强，但不会让人觉得难以忍受，她总会直言不讳地表达自己的观点，她总是充满激情，总的来说她有一种领导者的风范。”

莫西斯接手大学的管理后，面临的核心问题是财政问题。20世纪90年代，澳大利亚的高等教育政策发生变化，政府减少了对高校的直接经济投入，学校日常运行的资金大多数需要自己解决。当时政府只会资助学校40%－45%的开销，与15年前政府的投入占学校所有支出的90%相比少了一半，如此大的变化给澳大利亚的大学普遍带来很大压力。对于刚刚就任的莫西斯来说，这个压力无比沉重。不过艺高胆大的莫西斯选择的是乐观面对，她常常告诉大家，要忘记过去，向前发展。

怎样向前发展呢？莫西斯的一个重要原则是：保证学校的财政结构是合理的。因为新英格兰大学所在的阿米德尔市只有两万多人口，看起来并不能给大学的财政状况提供太多有利条件，也不能给新英格兰大学提供足够的生源。莫西斯很清楚，新英格兰大学的发展必须和当地结合起来。通过调研，她看到了阿米德尔周围广袤的土地和良好的农业基础可以给大学提供发展的机会，她要对现有的资源进行合理分配，以解决学校资金不足的问题。关于农业方面的现有资源，学校财产管理人米尔顿·库克派克先生是这样描述的：“我们学校有三个农场，加起来大概一共有12000英亩，其中科比农场大概有8000英亩。我们大概在这儿养了10000只羊，275头牛。我们从这儿养牛羊挣的钱归学校所有，并用于学校的研究与教学。”在利用本校农业资源的同时，学校还加大了对农业方面的研究，这些研究成果不仅让学校的财务状况得到改善，也使当地农业受益，极大促进了当地的经济发展。就这样，在既定方针的指导下，没用多长时间，新英格兰大学在农业方面的研究实力有了很大的提升，其中的许多科研成果已经让澳大利亚国内的同行刮目相看了。阿米德尔的经济发展了，当地政府也加大了对新英格兰大学的投入。

莫西斯回忆说，新英格兰大学将自己的发展与当地的农业发展结合起来，是由于一个非常好的契机，就是当时的政府鼓励大学与所在的社区更紧密地结合，并将学科与产业密切联系在一起。这对于莫西斯来说是前所未有的良机，她分析了新英格兰大学的优势和劣势：新英格兰大学拥有的土地就像英国的威尔士那么大，不过人口密度却很小；同时，对于阿米德尔和新英格兰地区来说，新英格兰大学也是最主要的雇主之一，还拥有最丰富的专家资源。因此，将大学和该地区的发展更紧密地结合在一起就变得颇有意义。莫西斯果断带领学校响应政府的号召，根据学校拥有大片土地的实际情况，积极发挥自身优势，开展相关的研究。当时进行的工作有很多：新英格兰大学就此建立起了一个乡村未来研究所，主要对土地的使用及相关问题进行研究；该大学的商学院，积极地参与地方城镇规划；该大学还建立了与农业相关的企业研究中心，这些企业研究中心的创建和资金运转都需要与当地许多行业伙伴共同合作。在此之前，无论大学还是当地社区都有这样的期望，要将学校与当地的发展相结合，但他们不清楚应当如何去操作。在莫西斯的领导下，这些期望转变为具体的实施细则和行动，并取得了成功。

莫西斯所有的努力中一个十分重要的成果，便是在新英格兰大学建立了农村未来研究所（Institute for Rural Future），主要研究澳大利亚的农村发展问题。

农村未来研究所是新英格兰大学一所独立的研究中心，始建于2000年8月。研究所成立之初，所内的研究人员主要来自新英格兰大学农村发展中心与生态资源管理中心。农村未来研究所的成立将这两个中心合并起来，并继承了这两个中心在各自的领域已经建立的良好信誉。

农村发展中心原名为凯洛格农村调整部门（Kellogg Rural Adjustment Unit），建于1976年，主要致力于促进农村产业结构改革，增加影响农村社区的信息交流。20世纪80年代，随着凯洛格基金赞助的结束，农村发展中心开始从事应用社会经济的研究和咨询。20世纪90年代，中心开始更多地邀请农业经济、农田管理、农业教育、社会福利、社会服务和农村环境政策等领域的专家加入。

生态资源管理中心始建于1997年，主要研究某个地区生态方面的政策管理。中心很快因为杰出的研究成果得到认可，在国际上成为联合国教科文组织在澳大利亚的三个研究中心之一。

布鲁斯（左）、校长莫西斯（中）、伊恩· 梅特卡夫（右）2005年在新南威尔士州阿米德尔《农村的研究管理》一书的发布会上的合影。①

① 图片来源：澳大利亚科学院网站http://www.science.org.au/scientists/interviews/h/bh.html, retrieved Sep 4th, 2012.

莫西斯将上述两个中心合并成为农村未来研究所，主要致力于澳大利亚农村与地区变革所面临的压力及相关的应用与政策方面的研究，特别重视经济、社会与环境给变革带来的影响。研究所承接了一系列跨学科的研究项目。自2000年成功合并以来，5年内该所的研究人员完成了近90个项目，吸引了近600万澳元的支持。《农村的研究管理》（*Research Management in Agriculture*）一书的出版，对新英格兰大学在农业方面的国际声望进行了全面的展示，也成为莫西斯多年来工作成果的佐证。

在莫西斯之前的职业生涯中，她学会了很重要的工作方法，就是不要让自我主宰自己的行为，收起自我，让问题指引自己的行为，通过大家的智慧找到解决之道。莫西斯来到新英格兰大学后将这种方法发扬光大，在工作中形成了自己独特的风格，这就是咨询式风格。她因为之前的研究，深知作为领导，采用咨询方式，能让员工们容易接受你，可以取得事半功倍的效果。即使自己已经有了成熟的想法，也不要急着去推进，如果由员工提出这个想法并将它转化为他们自己的解决办法，让教师拥有自己的决策，可能效果会更好。但是莫西斯并不是怯于做决定，她也会根据情况适时做出决定，并对这些决定负责，她认为这也是非常重要的一点。

经过几年的努力，莫西斯在新英格兰大学的付出慢慢开始得到回报，这个回报就是新英格兰大学与阿米德尔市的关系已经浑然一体，你中有我、我中有你，无法再分开。同时，大学和城市的亲密关系也提升了莫西斯校长在这里的影响力，她的一举一动几乎都成为这里的新闻。学校的高等教育管理和政策研究中心主任林·梅克教授认为，学校在农业领域做得非常好，对当地的促进是很大的。

在谈到如何与当地加强更多的联系时，他列举了正在建设中的各种项目，如新建的数学中心，政府为此投入了几百万澳元，用于加强农村地区的数学教育。阿米德尔市市长对新英格兰大学在当地的影响和作用作了很高的评价，他认为莫西斯非常积极地推进和加强当地的发展和学校研究的联系，对当地来说好处颇多；很多的网络公司与大学之间建立了合作关系，加强了和当地的联系。从整体上看，新英格兰大学为提高阿米德尔地区的就业、整体的经济发展做出了重要贡献。

在解决学校的财政问题之余，莫西斯一直有着自己的希望。这个希望来源于她深入农业研究中看到的许多现象，特别是乡村的孩子受教育的问题。身为从事高等教育研究多年的学者，她深知知识传承的重要性。农业科学发展需要年轻人接力，而乡村的孩子受教育程度普遍很低，影响他们学习的因素很多，最主要的是乡村地域广阔，劳动力稀少，乡村的孩子接受教育的自然条件也很差。这让莫西斯想得很多，尤其是什么教育方式能给偏远乡村的孩子们带来更多的教育机会。新英格兰大学从50年代起就开始发展的远程教育，此时在莫西斯的推动下，经过整合各种教育资源后显示出了强大的优势，学校通过磁带、CD、互联网以及学习中心等多种方式让澳大利亚偏远乡村的孩子们获得了高等教育。

莫西斯支持乡村孩子教育的工作从1998年开始逐步推进。那一年正是新英格兰大学前身悉尼大学新英格兰学院成立60周年之际，莫西斯觉得这是一个非常好的契机，于是在她的提议和推动下，新英格兰大学设立了“乡村奖学金”（UNE Country Scholarship），以纪念与感谢阿米德尔地区60年来对新英格兰大学的支持。该奖学金专门用于资助来自乡村的学生，尤其是那些表现优异、在大学期间远离家乡的乡村学生，使他们能够不用担心经济方面的压力，较好地完成学业。

“乡村奖学金”事实上并非一个单项奖学金，而是由许多资助乡村学生的奖学金共同组成。发展到今天，新英格兰大学提供的乡村奖学金包括了四种以上以不同资助人或资助机构命名的奖学金，资助的金额为每位学生每年5000澳元以上。该奖学金的赞助人包括了从个人到公司，从地方政府到校友会的不同个人和组织。现在，乡村奖学金正在为越来越多来自乡村的孩子提供接受高等教育的机会，让更多的孩子能够实现自己的梦想。

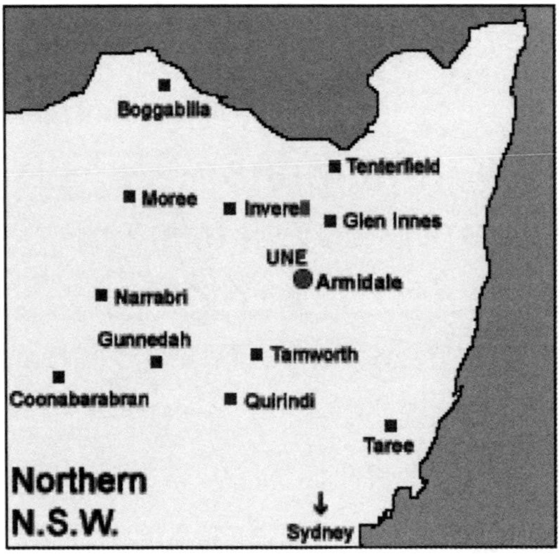

新南威尔士州北部地区学习中心分布，圆点标志为阿米德尔，方块标志为各学习中心。[①]

① 图片来源：UNE Regional Study Centers, http://www.une.edu.au/ac/, retrieved Sep 3rd, 2012.

除设立乡村奖学金外，莫西斯的另一个具有深远意义的举措便是在新南威尔士州北部乡村地区建立起新英格兰大学地区学习中心。地区学习中心一般建在偏远地区，主要的任务是为不在学校主校区学习的上万名学生提供支持与帮助。到今天，新英格兰大学已经拥有九个地区学习中心，每个中心的配备都与所在地区的特点相适应，塔姆沃思（Tamworth）和塔瑞（Taree）中心还有教师专门负责回答与新英格兰大学的学位与学习相关的问题。所有中心都配备视频会议设施，只要是与教育、管理相关的活动都可以申请使用。视频会议主要实现了人们在不同地点的实时互动，为教学、采访与会议提供了便利。

在这些地区学习中心，所有的课程信息都能够从网上以及塔姆沃思中心找到，包括本科、研究生的课程安排与学院的住宿信息，还有图书馆和学生的指南信息等。有一位全天候的工作人员可以帮助学生，回答与入学、在校生活等相关的任何问题。中心设有教室和学生学习、讨论与研究的地方，中心的教学设施也可供租借。每个学期，这里会举办各种与提高学习技能相关的工作室，内容包括论文的写作、独立研究的技能与引注、报告的技巧等，同时中心也提供考试准备的支持，包括考试焦虑的心理开解、提高记忆力与注意力、时间管理等。中心在教学方面主要提供一些重要课程的辅导，如面对面的工作室等等。学生可以通过电话或直接到中心进行相关咨询。

这种教育形式，解决了许多偏远地区的乡村孩子受教育的问题，对澳大利亚的教育发展乃至国家的经济发展都产生了较好的推进作用。凯瑞克研究所认为，新英格兰大学地区学习中心比别人走得更远：这个中心为那些身处偏远、不发达地区的学生能够加入到新英格兰大学的学习群体中做出了努力，地区学习中心提供了个性化的服务。因此，这些地区学习中心被授予凯瑞克团队奖。[①]

除了这些努力之外，在新英格兰大学2002—2006年战略计划中也提到了许多与乡村及偏远地区学生相关的内容，例如更好地为乡村及偏远地区的澳大利亚人提供技能的培训与知识的传授，加强农村未来研究所与其相关中心的建设，与农村、地方社区和机构建立伙伴关系，提供和乡村与地区问题相关的短期课程、学位教育等[②]。这些计划也在之后的几年慢慢得到了实现。

莫西斯的努力不仅为新英格兰大学带来了春天，让澳大利亚的乡村教育有了全新的发展，也为她自己带来了巨大的荣誉。2001年，因为对乡村教育的杰出贡献，莫西斯被澳大利亚政府授予“百年纪念奖章”。

100年前即1900年，是澳大利亚进行全民公决的日子，当时的六个殖民区进行公决，一致通过要成立一个统一的联邦国家，并于1901年1月1日成立澳大利亚联邦，六个殖民区转变为澳大利亚联邦的六个州。百年纪念奖章正是为了纪念澳大利亚联邦成立100周

① *Carrick Award Winning Team*,http://www.une.edu.au/ac/, retrieved June 8th, 2012.

② Moses, Ingrid.The University—A Permanent Factor in the Development and the Advancement of Society: Views from Institutions of Higher Education and Academic Organizations, *Higher Education in Europe*, Vol.28, No.1, April 2003.

年而设立的[①]。

在回顾自己获得的这个荣誉时，莫西斯认为这不仅仅是因为自己帮助乡村的孩子们获得了高等教育的机会，更是因为自己提出了一个问题，那就是澳大利亚乡村的学生没能像城市里的学生那样取得同样的学习成果。她认为这不仅仅是澳大利亚存在的问题，也是国际化的问题。

澳大利亚政府百年纪念奖章[②]

① 图片来源：http://www.itsanhonour.gov.au/honours/awards/medals/centenary_medal.cfm

② 图片来源：http://www.itsanhonour.gov.au/honours/awards/medals/centenary_medal.cfm

国际大学校长联合会

在大学发展、乡村教育方面取得成就的同时，莫西斯还活跃在国际舞台上。前文曾经提到，1998年，莫西斯成为联合国大学董事会主席，开始作为女性荣登国际舞台，有机会向世人展示女性处理国际性事务的能力。同年的4月5日–7日，莫西斯作为新英格兰大学校长参加了在堪培拉举行的国际大学校长联合会人力资源地方会议。无论是在会议上的发言，还是会议期间的一系列接触，莫西斯都让在场的许多联合会的资深元老们对其赞赏有加。

国际大学校长联合会（The International Association of University Presidents, IAUP）是联合国教科文组织下属机构，主要由世界范围内著名大学的校长组成，旨在通过优质的教育实现世界的和平、福利和安全（Peace, Welfare and Security through Education）。它的总部在纽约，是在联合国教科文组织拥有正式协商权，并在联合国拥有最高协商权的非政府组织。目前已有100多个国家的数百所高校成为国际大学校长联合会的会员。该联合会由来自美国、韩国、菲律宾、波多黎各和利比亚的大学领导们初建于1964年，1965年在英国牛津举行启动仪式。现在，联合会已经拥有来自100多个国家的近600名成员。联合会主要致力于激励和支持世界各国大学的领导者和管理者，通过加强学术交流和友好合作关系，不断提升教育质量和科研水平，促进社会经济的发展。

1998年在堪培拉召开的国际大学校长联合会人力资源会议，是莫西斯第一次与该组织接触。那时她才刚刚就任校长一职。莫西斯参加了会议，并作为协调人出席，主要负责回应与会者并对他们的发言进行评价；她同时还参加了其中的讨论环节。会议期间，莫西斯给与会者留下了很好的印象。当时该协会的主席在场，他是一个美国人，是美国加州州立大学萨克拉门托分校的校长，多年以后也正是他代表学校给莫西斯颁发了一个荣誉博士学位。他在会议结束后不久，找到莫西斯并告诉她：他们正在寻找国际大学校长联合会下一任的主席，主席的任期为三年，任期将于2002年开始。联合会的主席和人事委员会的成员认为莫西斯是比较恰当的人选。有意思的是，那是一个以年长男性为主导的协会，他们却选择了一位女性作为主席人选。因为任职是几年以后的事，莫西斯还没有参加过这个联合会组织的各项活动，对该组织也谈不上了解，所以与当时的主席谈话的结果是，该联合会将于同年在巴黎举办世界高等教育会议，莫西斯也前往参加，与联合会人员在那里会面。在询问莫西斯的意见后，该联合会的人事委员会将候选人名单提交执行委员会，而莫西斯则需要获得新英格兰大学董事长的首肯，因为这个职位不仅会占用莫西斯的工作时间，还会产生相关的费用问题，作为下任主席而非现任主席，联合会是不会为她报销因为参加会议而产生的差旅费用的，因此只有经过董事长的批准，莫西斯才能将新英格兰大学的校长资金用于因为参加国际大学校长联合会而产生的费用。她向董事长提出了申请，也获得了同意。

1999年，第12届国际大学校长联合会会议在布鲁塞尔举行，会议上莫西斯被选举为下一届联合会主席，任期从2002年至2005年。莫西斯作为女性又一次为世人所瞩目。

布鲁塞尔的会议后，接下来每两年该联合会会在世界各地举办执行委员会常务会议，1999-2002年任期的主席在其所在的丹麦举办了一次常务会议。对下届主席而言，最重要的任务便是组织下一届三年一次的联合会会议，1999年布鲁塞尔之后便是2002年在悉尼举行的会议，莫西斯需要全权负责组织，也有权选择她的工作组成员。虽然当时的国际大学校长联合会在澳大利亚与新西兰并不是十分著名，莫西斯依然选择了两位资深的校长作为联合会主席团成员，其中一位是詹姆斯·麦克华（James McWha）教授——当时的新西兰麦西大学校长，后于2002年成为澳大利亚阿德莱德大学校长——担任联合会第一秘书；另一位是曾获得澳大利亚勋章（AO）的丹尼斯·布莱德雷（Denise Bradley）教授——南澳大学董事长——担任联合会财务主管。在国际大学校长联合会莫西斯任期内，近50%的澳大利亚大学校长都成为该联合会的会员，这在所有国家中可能是比例最高的了。

在莫西斯成为联合会主席后，该联合会负担了她所有的差旅费用，并拨了一部分资金用于聘请兼职工作人员从事日常性事务，这些工作人员主要在阿德莱德的办公室工作，而莫西斯在新英格兰大学的助手在此期间也做了很多工作。事实上国际大学校长联合会的主席一直以来都由私立大学的校长担任，只有美国加州大学的校长和莫西斯两人例外，来自公立大学。莫西斯的继任者也分别是来自泰国、智利、美国、日本的私立大学的校长。私立大学与公立大学的主要不同点在于财务方面，因为公立大学的各项经费来源于政府，这些经费都是专款专用的，作为公立大学的校长是要对学校的财政负责的，在资金的使用方面有诸多限制，很难将这些资金用于其他的活动，这也是为什么莫西斯当时需要征得新英格兰大学董事长的同意，将自己的校长预算中的一部分用于旅费。与此不同的是，私立大学的校长在使用资金的问题上会有相对自由的尺度，所以很多来自私立大学的校长们对会议的某些方面要求较高，但公立的资金是很难满足这种需求的。不过即便如此，莫西斯还是尽自己所能，将她所负责的联合会会议举办得有声有色。

2002年6月24日—27日，第13届国际大学校长联合会会议在澳大利亚的悉尼市举行，会议主题为“学术价值、国家梦想与全球现实”。这是三年一次的国际大学校长联合会大会，因为莫西斯请了一位有能力的组织者协助会议的组织，会议举办得非常成功。暂且不说会议的议题，从会议的选址到东道国的到场嘉宾，规格之高、场面之大，颇受与会者的肯定。大会是在悉尼最高规格的地方召开的：主会场在会展中心、开幕式在新南威尔士州美术馆举行、晚宴在悉尼市政厅举行，娱乐方面还有海港游船的活动，最后的闭幕式在悉尼歌剧院举行，澳大利亚总督出席大会并致辞、新南威尔士州州长到会并致词、州教育部长到会讲话，联邦政府教育部赞助了鸡尾酒会，几乎所有澳大利亚的大学校长都参加了会议，其中还有一些作为赞助者参加，大会的受重视程度可见一斑。

第13届国际大学校长联合会的一个重要议题是“求公平，保质量”。在之前许多成功项目的基础上，大会对一些问题进行重新关注，并设置了新的议程。因为全球的特殊环境，主席团认为和平教育比以往显得更为必要，大学与产业间的联系依旧是重点问题，对于教育质量的保证以及信任度的衡量标准问题则贯穿了这一届联合会的各项活动。

这一届会议被认为是联合会历史上最振奋人心的会议之一，会议不仅在学术方面做出了重要的贡献，而且从参加会议的代表团来看，这是联合会有史以来第一次邀请到朝鲜代表团参加会议。中国代表团共有41名代表出席这次会议，其中包括中国高等教育学会组织的23所高校的代表，前复旦大学校长杨福家及大连理工大学校长程耿东院士作为该联合会的执行委员会委员参加了会议。

在这次会议的组织过程中，困难自然是有的，签证问题便是其中之一，其情况之严重，让莫西斯觉得即便全职处理诸如签证等问题，都显得措手不及。因为澳大利亚在给一些国家签发签证时要求非常严格，人们将签证问题留到了最后，因此会出现时间紧迫的状况；在一些国家有武装冲突，这些国家的校长便无法出行；当时又遇“非典”时期，许多校长的出行受到限制。虽然困难重重，但莫西斯与她的主席团沉着应对，使这次会议在很多方面获得了空前的成功。

除了这次大会，2002-2005年，作为国际大学校长联合会主席的莫西斯还做了很多工作，也遇到了很多困难。在莫西斯任期内，世界的许多地方都出现了混乱的局面，诸如阿富汗战争、伊拉克战争，还有全球范围的“非典”、巴厘岛爆炸事件、金融危机以及海啸等等，不仅对于每个国家的公民和大学校长们有很大影响，也使国际大学校长联合会的工作变得更加困难。不过让人高兴的是，联合会在莫西斯的带领下，对于所发生的一系列事件都做出了积极的应对，包括与阿富汗各个大学的校长做工作、为伊拉克的大学校长们寻求援助、帮助那些受到海啸破坏的国家等。

在这样复杂的世界环境中，莫西斯领导的联合会一直坚持在全世界各个地区召开执行委员会会议，其中也只取消了一次会议，原因是会议的议题没有得到大家的响应。2002年6月21–22日，联合会在澳大利亚蓝山地区举办了主题为“新一代大学（1970年以后建立的大学）”的研讨会；2003年3月，在美国召开关于伊拉克战争的论坛；2003年6月在墨西哥的蒙特雷市举办关于高等教育领域的女性和领导力的会议；2004年3月，与联合国在菲律宾的马尼拉共同举办了题为“和平马赛克：汇集大学、媒体、政治和经济界的领导一起寻求世界和平”的会议；最后一站是2005年7月在泰国举行的下一届联合会准备会议。每一次会议，都有许多的原因使校长们没有准备好或者不被同意或不能出行。面对着“非典”困境和其他的困难，莫西斯自己虽然也受到了一定的影响，却表现得理性而勇敢。在“非典”期间，只要被大学允许能够出行，莫西斯都会去参加会议。由于一些国家有骚乱，大学就不会同意你出行，因为外交部认为这不安全，你的保险公司也不会给你保险，因此学校不会让你去。但只要被允许，莫西斯都会去。不过这倒不意味着她就要去冒险，莫西斯认为不必要的风险还是不要承担为好，不过在当时她觉得问题不大。

莫西斯认为，面对现实的困难，大家更应当勇敢地携手共进。因为国际大学校长联合会是依靠人与人之间的互动和交流而存在的，大学校长们能够见面就变得非常重要。虽然世界部分地区不稳定，又有着对健康的威胁，但参加各个会议才能让全世界更好地沟通与相互了解，共同对抗各种威胁与困境。因此在每一次会议前，莫西斯的主席团都积极联系各地区联合会主席，希望他们邀请并鼓励各个大学的校长和联合会会员参加国际大学校长联合会以及其他国际会议。

莫西斯在任期间，在举办各种会议的同时，还与其他的协会和机构进行了很好的合作。她在准备2002年在悉尼举办的联合会时就曾与主席团成员进行了讨论，希望通过这次会议增加联合会与其他一些国际机构的联系。于是，会议组最后邀请到了国际大学联合会、联邦大学联合会、联合国教科文组织高等教育机构管理项目组，联合国也作为会议合作伙伴参加了这次会议。在地区层面，联合会邀请了欧洲联合会和亚太联合会，美洲教育理事会也作为项目与会议合作伙伴参会。

这次会议以后，作为联合会主席，莫西斯还参加了一些高等教育领域的世界会议、圆桌会议等。2006年12月8日–9日，国际大学联合会与国际大学校长联合会在泰国清迈市共同举办了校长座谈会，主要探讨关于机构的自治问题，包括国家层面的、跨区域的各种经验。莫西斯的文章题为《为自主权正名：效率、效益与责任》，主要讨论的是在国际背景下澳大利亚的发展。在对于大学教育的看法逐渐趋向实用主义的社会背景下，大学对于自治权的卫冕被普遍认为是在逃避“问责制”。然而从澳大利亚的经验来看，在教职工、资源管理和学术项目等大范围自治的情况下，大学变得更加有效率和有效益。同时还有一个共识是自治的最终结果将是问责。然而在过去的20年里，自治权的界限以及效率和效益的概念都发生了改变。① 在巴黎，联合会与联合国教科文组织共同举办了一些项目，各国大学为其他国家大学的教师提供短期的奖学金，让他们能够到别的大学进行工作。在伊拉克，高等教育领域在学术方面被孤立太久，大学的教师们很少有机会与国外的大学进行交流，莫西斯认为他们也没有很丰富的研究资源，因此能够走出去看一看，去实地参与、去阅读更多的文献是非常好的。莫西斯自己就在新英格兰大学发起了这种资助项目，不过这些项目在莫西斯退休以后才开始实施，有八到十位伊拉克大学的教师来新英格兰大学与这里的教师们一起工作。她觉得这是一个成功的项目。许多全国性的或者世界性的项目发起得很有价值，因为那不仅仅是友谊或者相互支持，还有许多其他的积极影响。

莫西斯很高兴在任职国际大学校长联合会主席期间获得了很多经验，但她也对做得不尽如人意的方面表示无奈。这个联合会由一群年长的男性主导，要做一些改变会比较困难。因为你是主席，你需要选择人员到委员会中，你可以做很多事，但你永远需要多数人的支持，所以在某种程度上你能做的事情比较有限。另外，联合会的工作也的确占用了莫西斯大量的时间，对于付出的时间与获得的回报是否成正比的问题，莫西斯自己也无法弄清，繁重的任务似

---

① *Moses, Ingrid.Autonomy Justified—efficiency and effectiveness; and Autonomy Accounted for—responsibility.*IAU/IAUP Presidents' Symposium on Institutional Autonomy Revisited.Dec, 2006, Chiangmai.http://www.slideshare.net/IAU_Other_Conferences/chiang-mai-pres-ingrid-moses.Retrieved Sep 12th, 2012.

乎让她没有太多考虑的时间，不过总的来说，莫西斯的态度还是非常积极的，她认为国际层面上的工作往往注重的是付出，而自己在为世界人民服务的同时享受了快乐。

在莫西斯的任期内，国际大学校长联合会的知名度和影响力不断提高，联合会与各个国际组织的联系更为密切，会员数量也有很大提升，联合会的整体财政状况和数据库管理情况良好，《国际大学校长联合会新闻》逐渐成为内容丰富的刊物，莫西斯及其主席团还决定并进行了对管理过程的纪录片拍摄，以帮助联合会管理委员会换届的交接工作得以顺利进行。

莫西斯对自己在联合会任期内所做的努力与取得的成功感到欣慰，而国际大学校长联合会也对澳大利亚在联合会所做的工作给予高度评价。不过国际大学校长联合会主席一职毕竟不是莫西斯最重要的工作，她的工作依然是校长，而校长的工作才是第一位的。虽然身兼各项重要的国际职务，莫西斯仍将更多的时间和精力用在了处理繁忙的大学事务上。

玻璃屋顶有多厚

莫西斯在高等教育领域十分关注女性地位与公平问题。身为女性的莫西斯深知女性奋斗的不易，因此在工作中她将为女性争取平等的社会待遇和环境作为己任，并致力于提高女性的社会参与比例，让更多的有志女性从家庭事务中解放出来，对有机会接受高等教育的女性给予重点关注，提出女性发展所面临的阻碍及解决办法。

身为校长的莫西斯不仅在多个场合为女性的发展而呼吁，还身体力行。她以莫西斯夫妇的名义从2001年开始在新英格兰大学设立了专项奖学金，资助那些需要帮助的有全职工作、有家庭，还要完成博士阶段学习的女性。2001年该奖学金的获得者是朱迪·米勒，一位课程研究学院的讲师，她的博士研究课题是如何对小学生进行体育课教学。她的论文完成后，将会对当时社会上关于小学适龄儿童是否应当熟练掌握基本的运动技能的争论做出重要贡献。

约翰·莫西斯（左一，莫西斯的丈夫），英格瑞德·莫西斯（右一）和新英格兰大学的其他教师合影[①]

朱迪表示，这个奖学金解了她的燃眉之急。朱迪在新英格兰大学工作了八年，其中七年一直在学习，还要同时照顾两个孩子。虽然她一直在非常专注地进行博士研究，然而这个学期却遇到了困难。她每天清晨四点起床，开始博士论文的写作，然后早上七点送孩子们上学，这个奖学金让她能够将下个学期的课程交由其他的老师代为教授，而她则可以专心致志地完成论文，因此莫西斯夫妇提供的这份奖学金对她和她的家庭来说非常重要。[②] 该奖学金的设立有助于解决女性学者在她们职业发展的早期所面临的巨大困难。

除了设立奖学金外，莫西斯在任国际大学校长联合会主席期

① 图片来源：新英格兰大学网站http://www.une.edu.au/news/releases2001/June/081-01.html

② 新英格兰大学校园新闻网：http://www.une.edu.au/news/releases2001/June/081-01.html

间，一方面在联合会执行委员会中大大提高了女性委员的数量，并任命了一位女性——纽约州立大学校长尤多拉·佩蒂格鲁为联合会副主席；另一方面，她引领并非女性组织的联合会将世界关注的目光投向女性的发展问题，特别关注女性的参与以及女性在高等教育领域的职业机会问题。这也是莫西斯继20世纪90年代初发表对女性研究生所遇到的屏障问题的研究后，又一次重点关注女性在高等教育领域的地位与公平问题。

2003年6月12日至14日，国际大学校长联合会与国际大学联合会在墨西哥的蒙特雷市共同举办了名为“高等教育中的女性与领导力：玻璃屋顶有多厚？”的会议。会议的主题来自一个比喻：女性的头顶上有一个“玻璃屋顶”，也就是女性发展的屏障，这个玻璃屋顶是看不见的，这也是为什么当你站起来，你的头会撞到硬硬的屋顶，如果你想要穿过它，很难。这形象地说明女性在发展到某一个高度后就很难突破的情况，虽然并没有官方的屋顶，然而你以为天空是开放的，但它却不为你而开放。这次会议正是要对女性的参与以及女性在高等教育领域所遇到的教育、就业的平等问题进行探讨。

这次会议是莫西斯与国际大学联合会合作的成果。因为新英格兰大学是国际大学联合会的会员，莫西斯参加国际大学联合会的会议时，有机会认识了该联合会的秘书长，并邀请她参加自己组织的会议。与会期间，两人见面商讨共同合办下一次会议的事宜，并商量可能的议题。她们谈到了关于大学女性地位的问题，认为这个问题在许多国家都存在，是一个值得探讨的话题，于是这个话题得到了进一步拓展。

这次会议共有来自世界各地的150名大学代表参加，其中大多数为女性代表。这是国际大学校长联合会与国际大学联合会第一次试图深入探讨这个主题。会议主要目的在于：一、对各地区能够平等参与高等教育的女性情况进行了解；二、通过促进高等教育领域领导人之间的对话与意见的交换来改善现状；三、分享已经获得成功的经验，包括评估政策与奖励机制等；四、呼吁各国、各地区大学机构与高等教育机构能够帮助清除女性发展的障碍，让女性能够在教学、研究与高层管理方面获得自由发展的空间；五、呼吁各国政府立法保障不同性别的机会均等，并敦促大学对这些政策的执行实施问责制。①

右一为时任中国传媒大学校长、世界大学女校长论坛主席刘继南教授，右二为莫西斯，左一为时任中国传媒大学党委书记、现任中国传媒大学校长苏志武，左二为时任北京市委常委、教育工委书记、现任北京大学党委书记朱善璐。②

---

① International Association of University,Women And Leadership In Higher Education: How Thick Is The Glass Ceiling? June 12-14, 2003, http://www.iau-aiu.net/civicrm/event/info? reset=1&id=118, retrieved June 5th, 2012.

② 图片来源：莫西斯个人收藏。

莫西斯在国际会议上讨论了澳大利亚的体系问题，为女性在高等教育领域的职业机会所遇到的公平问题进行呼吁，并分享了澳大利亚大学为女性创造机会的做法。

2004年，莫西斯还应邀出席了在北京举办的第二届世界大学女校长论坛。这次会议是由中国传媒大学发起的，“世界大学女校长论坛”旨在汇聚世界各国大学女校长的力量，搭建交流合作、分享教育智慧的国际平台。该论坛自2001年以来已经成功举办了五届，先后吸引了世界各地700余位女校长参与论坛。第二届论坛的主题为“沟通·合作·发展”。包括来自五大洲20个国家和地区的56名大学正、副女校长和特邀男校长在内约300人出席了论坛。论坛主要深入探讨了“世界高等教育概况和妇女在教育中的地位与作用”、“大学女校长的教育理念与大学国际化”、“大学女校长的领导智慧与治校方略”以及“大学女校长与校园文化建设”等问题。[①]

莫西斯以“对世界高等教育做出杰出贡献”的澳大利亚新英格兰大学校长以及国际大学校长联合会主席的身份，在论坛开幕式上做了名为《全球化、国际化与教学质量保证》的主题发言。发言主要把国际大学校长联合会与很多国际组织——如联合国、欧盟、国际大学联合会、其他非政府组织等——进行合作的经验介绍给大家，希望能够借助世界大学女校长论坛的平台推进国际合作，为实现世界和平、提高教育质量、实现高等教育的全球化，从而实现全球化的教育、合作和发展而共同努力。

因为世界大学女校长论坛是由当时正式更名为中国传媒大学

① 刘利群、包蕾：《沟通·合作·发展——“第二届大学女校长国际论坛”会议综述》，《现代传播》2004年第6期。

的前北京广播学院主办，莫西斯有幸参加更名仪式。更名仪式是在北京人民大会堂举行的，对莫西斯而言，那是一次盛宴。莫西斯遇见了来自世界各地的女校长们和大学女董事长们，就像很多会议一样，她听到了许多讲话，最有意思的部分莫过于相互间的交流。莫西斯表示在澳大利亚，你永远看不到这样的景象。那一天，人们济济一堂，有那么多的国家领导出席，在这样一个特别的地方，有那么多人，那气势让人震撼不已，当时的仪式给莫西斯留下了极其深刻的印象。因为不是全场翻译，莫西斯没能完全理解所有的内容，那是个非凡的场合，晚上在中国传媒大学的校园中还举行了室外的庆祝演出，那场演出传递出的中国文化也给莫西斯留下了特别美好的印象。

如果说莫西斯的自强不息是为争取自我发展的女性们做出了表率，那么她参与和推动支持女性的项目则是为女性在这个社会中持续发展、突破玻璃屋顶的努力指明了一条可行的道路：已经成功的女性在自我提升的同时尽力帮助年轻一代努力争取，那么经过一代代人的坚持，我们终将赢来一个性别公平、机会均等的时代。

继任校长

2001年初，莫西斯在新英格兰大学已任职三年半了。她这一任期的合同原本是五年，因为接受了国际大学校长联合会的任命，莫西斯将在2002年成为联合会主席，而那时她的五年校长任期也即将结束。因为联合会主席一职的任期为2002年至2005年，莫西斯需要知道自己那时是否还能连任校长一职，于是她询问了新英格兰大学的董事长，希望董事长提前考虑自己的合同问题。鉴于莫西斯对新英格兰大学做出的杰出贡献，大学董事会同意她继续连任。于是在任校长三年半之际，莫西斯和新英格兰大学签订了连任合同，从此时开始，连任下一届校长，任期五年。莫西斯认为自己非常的幸运，能够在新英格兰大学担任校长，因为这个学校拥有非常多有才能有抱负的教师与员工，而学校所处的社区又非常好。不过接下来在莫西斯新的任期内，她又有了新的挑战。新英格兰大学的发展已经有了明显起色，作为布伦闵巴的主人，她终于可以考虑更多的事情了。

莫西斯在新英格兰大学的政绩是有目共睹的。2003年《悉尼先驱晨报》"优秀大学指南"（The Sydney Morning Herald Good Universities Guide）中对澳大利亚大学在2002年的表现进行了排名。新英格兰大学在澳大利亚新南威尔士州的大学排名中，在教职工人员的资质（教职工中拥有博士学位的人数比例）、学生与教职工性别平衡、大学进入方式多元化（学生录取政策）等方面名列前茅。新英格兰大学作为二战前建立的澳大利亚第一所地方大学，已经在对农村与地区问题的研究上独树一帜①。作为新英格兰大学的校长，莫西斯在争取这个成果的过程中扮演了非常重要的角色。

2004年7月24日，新英格兰大学召开全体董事会。会议上，董事长约翰·凯西迪回顾了学校的发展历史。莫西斯自1997年上任以来，领导新英格兰大学获得了较高的声誉，财政状况亦得到很大改善。凯西迪对莫西斯作了非常高的评价，他表示：莫西斯在本地区、全澳乃至国际上都享有盛誉，她积极推动低门槛、高质量的高等教育体系，并为之做了一系列积极努力，如在新英格兰大学为本科学生设置乡村奖学金，启动了帮助学生走向社会与提高领导力的项目，在大学内部通过战略发展基金支持教学与研究等等。应该说在高等教育领域，学校已经能够很好地抓住机遇，应对挑战。近期联邦政府提出了一项议案，议案中列出一系列高等教育机构必须要达到的标准，凯西迪希望莫西斯能够于在任期间帮助学校达到这些

① University of New England, UNE tops State in graduate satisfaction, June 19, 2002, http://www.une.edu.au/news/releases2002/June/066-02.html.Retrieved May 14th, 2012.

要求。

新格兰大学董事长约翰·凯西迪所说的“联邦政府的一项议案”是指，2003年澳大利亚霍华德政府的布伦丹·纳尔逊（Hon Dr.Brendan Nelson）议员提出对高等教育领域进行重大改革的议案。议案中提到当时高等教育框架内存在一系列问题，包括开设课程的成本增加、一些大学活动与课程重复设置、30%的学生无法完成学业、一些机构超额招生等。另外，纳尔逊议员还在议案中提到一些政策限制了大学资金来源的多元化，联邦政府的包办管理限制了高等教育领域的国际竞争力。该项改革议案主要致力于保证建立一个长期的、可持续发展的大学体系。[①]从那时起，整个澳大利亚的高等教育环境开始发生改变，因为相关政策的变化，澳大利亚有更多的私立高等教育机构诞生，同时也允许更多的外资大学在澳大利亚运营，还出现了专攻教学不做科研的大学，包括新英格兰大学在内的几乎所有大学都会开设付费课程，学生志愿者工会的出现也让劳工关系发生了一些改变。

莫西斯针对这一系列将要或者已经发生的改变做了系统的规划，并最终为新英格兰大学适应新的环境打下了坚实的基础。在新英格兰大学2004年的年度报告中这样提到：从2005年开始，资金的提供与外部的环境将发生改变，学校已经准备好积极应对。学校对高级行政人员进行了重组，主管商业管理的执行主任会协助校长主要负责学校的管理与领导，三位副校长将负责教学、国际与商

① Raciti, Maria.Marketing Australian higher education at the turn of the 21st Century: A précis of reforms, commercialization and the new university hierarchy.*E-Journal of Business Education & Scholarship of Teaching*.Vol.4, No.1, 2010, pp.32-41.

业活动以及研究与发展活动。校长的战略举措基金会被用于教授和博士后层面，主要为了加强学校的研究或建立新的研究分支。[①]

莫西斯（右）与珍妮·爱德蒙兹（左）[②]

2005年11月，莫西斯作为新英格兰大学校长最后一次为“校长年度杰出服务奖”获得者颁奖。2005年的获奖者中有一位特别的获奖者：珍妮·爱德蒙兹。莫西斯表示：在自己八年半的校长任期内，珍妮给了自己宝贵的帮助，并有着出色的工作表现，她对自己的协助、提示、鼓励、理解、支持、保护和照顾，对所有的一切，莫西斯都表示感谢。珍妮对组织的效率和效益的追求从未停止过，并有着高水准的校长办公室与客户服务工作的表现。珍妮自1990年开始做与校长事务相关的工作，并从1994年开始成为校长办公室主任。当莫西斯1997年7月1日来到新英格兰大学接手校长一职时，珍妮已

① Moses, Ingrid, Vice-Chancellor's Report, Marketing and Public Affairs, UNE, 2004 Annual Report, 2004, pp.7-10.

② 图片来源：新英格兰大学官方网站http://www.une.edu.au/news/archives/000383.html

经在这个岗位上任职3年，莫西斯认为自己最成功的决定之一就是留用珍妮继续做校长办公室主任。珍妮表示，自己非常意外会在她们将结束一起工作的时候从莫西斯校长那里获得这个奖项，她认为莫西斯让人觉得非常振奋，她对大学、员工与学生十分关心。珍妮对自己以及身边一起工作的人都有很高的期望，与莫西斯一起工作，一起实现她希望的目标是一个非常愉快的过程。

同样获得2005年“校长年度杰出服务奖”的还有人力资源部门的招聘主管黛比·维尔金森。莫西斯认为黛比·维尔金森把她整个职业生涯都奉献给了新英格兰大学，她的敬业让人印象深刻。在大学多年来的变革中，她都能够很好地应对，她希望从事学校中不同类型的工作便是一个很好的佐证。黛比·维尔金森全身心地致力于自己的工作，她拥有很好的团队精神，同时也是一个好领导，她在繁重的工作压力下依然能够随时给予他人帮助。她给予同事们的忠诚与支持是无价的。她服务于大学多年，所带来的贡献是无法估量的。

该奖项还颁发给了一个小组，那是由苏·海顿、珍妮·萨奥与金·瓦兰斯三位员工组成的“专业经验工作小组”。莫西斯表示，苏·海顿与珍妮·萨奥一起在专业经验办公室共同工作了近15年，而金·瓦兰则是最近加入的，他们的工作包括负责与校内外注册的学生进行联系，同时负责与新英格兰地区、澳大利亚以及国际上各中学的校长和教师进行联系，也就是说，他们服务于新英格兰大学工作的最前线，每年与澳大利亚和国际上的近2500多所中学进行联系。这个工作小组具有极强的专业性，对新英格兰大学在教育界的良好信誉做出了杰出贡献。[①]

对获奖者而言，“校长年度杰出服务奖”是极大的肯定和鼓励；对莫西斯而言，奖项的授予则是对与自己一起为大学的发展贡献力量的员工表示的真诚感谢。

在新英格兰大学工作多年，有一个特别的地方一直陪伴着莫西斯的生活与工作，那便是美丽的特里韦纳（Trevenna）花园——莫西斯担任新英格兰大学校长期间的居所。这个花园于1960年开始成为赠予新英格兰大学校长的府邸。它由19世纪的建筑师霍伯瑞·亨特设计，起初是莱特家族的府邸，花园中的一些树的历史可以追溯到19世纪90年代特里韦纳初建之时。

特里韦纳花园[②]

花园中有网球场、金鱼池、下沉式的小花园，还有石日晷。花园

① Scanlan, Jim.Vice-Chancellor's Executive Officer among winners of service awards, http://www.une.edu.au/news/archives/000383.html, Nov 14th, 2005. Retrieved June 28th, 2012.

② 图片来源：新英格兰大学网站http://www.une.edu.au/news/archives/TREVENNA%202.jpg, Retrieved May 4th , 2012.

还包括草药园、果园和众多干石墙，其中不少墙上都爬满了常青藤。2005年3月，特里韦纳花园作为澳大利亚花园开放计划的一部分向公众开放。莫西斯在花园开放仪式上表示，她发现这个花园让人神清气爽，从客厅中向花园望去，那延伸向杜瓦尔山（Mount Duval）的景致非常值得作画。每天清晨，莫西斯都会沉醉于那美丽的草坪和通向学院的运动场。冬日，在原野上飘浮的晨雾恍若美丽湖泊上那飘浮的云，雾蒙蒙的景致太神奇了。每天，莫西斯下班都要穿过这片美丽的花园，漫步其中，一整天忙碌的疲惫消失得无影无踪。① 这个花园给莫西斯留下了无尽的回忆。

八年半的时间，在莫西斯的忙碌中匆匆溜走。再回首，刚踏上阿米德尔的土地宛如昨天；向前看，新英格兰大学已经能够在新的基点上迈向未来。莫西斯非常欣慰，她也能够功成身退了。

为了感谢莫西斯为学校做出的巨大贡献，新英格兰大学为莫西斯举办了一场鸡尾酒会。欢送酒会是在布伦闵巴的草坪上举行的，一共有200多人参加了酒会，其中不仅有大学的教师，还有阿米德尔社区的成员。哈瑞斯副校长致开场辞：莫西斯教授对教育的热情让新英格兰大学成为澳大利亚在学习与教育领域数一数二的机构，在新南威尔士州北部乡村地区建立的各个新英格兰大学地区学习中心便是她的功劳。

弗洛德教授代表大学教师发言，同样对莫西斯在学习与教育以及对乡村社区学生的资助方面表示赞扬，特别感谢莫西斯带领新英格兰大学在研究领域取得了进步，并让这所大学以教学和研

---

① Braun, Leon.*Trevena gardens open to the public this weekend*, Nov 3rd, 2005. http://www.une.edu.au/news/archives/000378.html, retrieved May 7th, 2012.

究机构著称。

两位发言者都不约而同地提到了莫西斯的丈夫约翰为新英格兰大学和阿米德尔社区做出的贡献。不仅仅因为约翰作为兼职教授在新英格兰大学古典历史与宗教学院所做出的科研与学术方面的卓越贡献，还有他对整个社区做出的贡献。

莫西斯回应道：新英格兰大学是一个特别的地方，它在澳大利亚所有大学中比较独特，她相信新英格兰大学已经拥有勇往直前迎接挑战的能力了，它一定会有美好的未来。新英格兰大学在她任职校长期间有了许多结构上的改变，而所有的教师们能够很好地适应这些改变实属不易，她感谢从管理层到基层的所有员工。

面对着共事多年的伙伴，莫西斯表示：自己相信辛勤的工作和奉献必能有所收获。她感谢能够真心相信她并帮助她一直走到现在的导师，感谢她的丈夫对她一直以来的支持，也感谢孩子们能够对她的忙碌表示宽容。

副校长代表大家给莫西斯送上告别礼物，一枚金质的火焰型胸针——火焰是新英格兰大学的象征，还有一本记录了她八年半校长生涯的相册，和一个人类头盖骨状青铜铸件——代表了近期由新英格兰大学发现的已经灭绝人种的头盖骨，这个发现为新英格兰大学带来了国际上的声誉。

事实上，在多年以后，2011年10月，学校还邀请莫西斯回到校园，为学校中心庭院的牌匾揭幕。学校在这块牌匾上将中心庭院正式命名为“英格瑞德·莫西斯庭院”，以纪念莫西斯作为新英格兰大学校长期间为学校做出的巨大贡献。

回顾职业生涯，莫西斯觉得自己一直走在一条与大学政策制定相关的路上。当她还在昆士兰大学时，她参与的很多研究都能够影响到学校的政策层面。当时莫西斯作为被选举出来的学术委员会委员和同在委员会的罗伊教授一起，共同关注诸如研究生教育等高等教育方面的问题，对学校的相关政策起到了一定的推动作用。莫西斯到悉尼科技大学后，因为悉尼科技学院刚升格为大学，作为学习与教育中心主任的莫西斯被要求对学校中与学术工作相关的政策进行研究，并参与政策的制定。后来到了堪培拉大学，莫西斯成为主管学术的副校长，她创建了学习与教育中心，开始让学习与教育中心参与学校的政策制定，她自己也成为主管领导。在那个岗位上，莫西斯拥有了较之前更大的影响力。当她成为新英格兰大学的校长后，她拥有了绝对的权威，领导和决定学校的政策制定。这些经历让莫西斯充分了解了大学的整个运作流程。

2006年1月，带着自己圆满完成校长工作的喜悦，64岁的莫西斯正式从新英格兰大学退休，并同时接受了堪培拉大学的聘请，从2006年初至2010年底担任为期5年的董事长一职。

再续辉煌

2006年，莫西斯与丈夫重回堪培拉——她曾经任职副校长3年半的地方，开始了5年的堪培拉大学董事长一职，也开始了新的生活。

董事长是一个社区工作，是没有工资的志愿工作。在澳大利亚，只有维多利亚州的大学董事长是拿薪水的，其他所有州的大学董事长都是义务的。大学校长和董事长之间有着本质上的不同。董事会是整个学校的管理机构，董事长是董事会的主席。董事长的英文为Chancellor，而校长的英文为Vice Chancellor。因为大学是自主管理的机构，是根据州法案建立的，因此，在一所大学中，校长就是大学的总负责人；校长以下为几位副校长；然后是院长。院长对学术副校长负责；而院长下面会有系主任，分别对他们的院长负责；系里的教师则向系主任负责。大学根据其企业劳资协议聘请员工，这就像一个封闭的系统。每所大学都有一个管理委员会，在澳大利亚被称为董事会（council）或者议会（senate）。在美国被称为委员会（board）、董事会（trustees）或理事会（board of governors）。每所大学董事会的构成都有所不同，一般由一些联邦政府任命的代表、州政府代表，还有一些教师代表、一位选举产生的普通教师代表、一位选举产生的研究生代表和一位选举产生的本科生代表等来自大学内部的代表组成。但大多数董事会的成员来自校外，由政府任命或者由校友会选举产生。

因为澳大利亚英语中的校长和董事长的词汇来自英国体系，让人听后觉得校长为副而董事长为正，然而事实上校长才是大学的首席执行官（CEO）。校长由董事会任命，而非政府任命。董事会挑选自己的主席，这位主席也就是董事长，他（她）可以来自董事会内部，也可以来自外部，主要根据该董事会的规定执行，因此董事长是由董事会的成员决定的。从法律上说，董事会对学校发生的一切负责，并委派校长对大学进行管理，因此校长管理学校的所有事务，董事会只需要保证大学对财政负责并符合规定、同意教学计划、引导和监督大学的运营，但却不去实际地参与管理。

这样的安排以及相应的职位名称出现在所有英联邦国家，印度和南非也都是如此，但欧洲和亚洲的很多国家与此有所不同，因为这些国家的大学与他们的教育部之间的关系较英联邦国家存在差异。澳大利亚教育部不会去任命一所大学的校长，与教授职称的授予也没有关系；而在欧洲和亚洲，教育部会一定程度地参与其中，在拉美也是一样。澳大利亚政府的影响力主要通过其任命的一些大学董事会成员来实现，而这些成员的候选人名单往往由大学提交。大学会提出要求，表示需要这样或那样的人才，例如大学需要法律专家或者商业关系方面的专家等；然后政府在大学向政府建议的一系列人员名单中选择合适的人选。大学需要每年向州政府提交年度工作报告，主要包含了财政数据、大学的发展还有一些成就。因此董事长是潜在的比较有权力的人，如果一位董事长与政府有很好的关系，那么就可以与政府进行直接的沟通与对话。不过如果该大学有一位能力很强的校长，所有的工作和关系就会由校长来打理，董事长基本的工作则主要为主持董事会会议和毕业典礼等。

前文曾经提到，堪培拉大学的董事长是新英格兰大学的校友。莫西斯在堪培拉大学任副校长时便与董事长熟识。董事长知道莫西斯会在退休后回到堪培拉，因此在她退休前一年，便询问她是否有兴趣成为自己的继任者，成为堪培拉大学的董事长。这位董事长在这个位置上工作了十二年，她其实在第十年时就非常想离开了，但莫西斯那时还没有退

堪培拉大学董事长莫西斯[1]

① 图片来源：http://www.canberra.edu.au/media/40gallery/albums/1980s/1984/ccae%201984/slides/Ingrid%20Moses.html, accessed June 21, 2013.

休。在莫西斯提前告知了她自己退休的时间后，因为前任董事长非常希望莫西斯能够继任，而当时堪培拉大学的校长也如此表态，因此在退休前一年，莫西斯便知道自己在退休后将接手堪培拉大学董事长的工作。

莫西斯作为董事长到任后，最主要的工作就是需要马上任命一位校长。因为莫西斯到任之后，当时在任的校长告诉莫西斯他将不再连任，因此莫西斯主持的学校董事会需要寻找一位新校长。那是一件非常重要的事情，也耗费了很多时间，莫西斯不仅要与董事会的成员、学校里资深的教师交谈，了解这个学校需要找一个什么样的校长，究竟什么样的校长比较适合这个学校，还要在现任校长离任前找到合适的人选。虽然遇到了一些两难的决定，整个过程尚算顺利，不久，莫西斯主持的董事会找到了一位后来让她颇为满意的校长。莫西斯认为能够找到这位继任的校长是非常幸运的，这位校长后来在莫西斯结束任期后还依然在堪培拉大学任职。

新校长刚刚之初，对所有的财务状况进行了解后发现，学校有一定数额的赤字，这是前一届董事会并没有意识到的问题。因此在莫西斯任期的最开始，有一段比较艰难的时期，不过校长很擅长建立关系，也很有能力。他建立起系统的研究体系，增加了研究经费，聘用了许多员工，还自己向政府申请并获得了竞争比较激烈的项目经费用于学校的基础设施建设。自从这位校长来了以后，学校开始欣欣向荣地发展。莫西斯认为自己做的不多，大多是校长在做。她自己只是主持董事会，支持校长的工作。作为堪培拉大学的董事长，莫西斯对大学管理的重要性有了更深的认识：一个董事会的重要角色是要吸引并留住一位出色的首席执行官，也就是校长。

莫西斯自己也曾在新英格兰大学担任了近9年的校长，因此她对管理中存在的压力非常了解，校长需要信任董事会，而董事会也要在监督校长表现的同时信任他。

在澳大利亚，堪培拉大学是一所相对规模较小的大学，而当时学校的管理效率并不高。学校为此咨询了专家，专家建议大学要外包一些功能。对于很多人来说，“外包”是一个不可接受的词，它意味着要把就业机会拱手让给大学以外的人，因此“外包”这个问题被当做议题进行讨论时遭到了工会的强烈反对。专家还建议“外包”给一家印度公司，这就意味着就业机会不仅要让给大学以外的人，而且还是澳大利亚以外的人，董事会上反对的声音很大，在大学里也是如此，当时的情况比较微妙。最后董事会通过了这个决议，条件是校长会确保大学里的相关工作人员去考察那个印度公司，看他们的工作是如何进行的，并且举办会议与对方一起共同讨论如何操作以及如何发挥作用的细节，该公司负责这个项目的员工也应来堪培拉大学查看所有的过程，这些过程都会记录下来，他们也会根据情况对实际操作进行相应的调整。事实上那个公司做得很好，也向学校里派了不少工作人员。该体系的引入过程共耗费两年左右的时间，并且有很好的效果，但整个过程却是艰难的，因为董事会中还有员工代表，他们从感情上来说受到了不小的伤害。幸运的是该项目成功地解决了学校的行政效率问题。

莫西斯任董事长期间还经历了一个有争议的学生宿舍事件。学校并不是自己建宿舍，而是外包给了曾经给澳洲国立大学和麦考瑞大学建造过学生公寓的有着丰富经验的建筑公司。新的宿舍的配置是一个套房有四个房间和一个公用的厨房和客厅等等，与之前的宿舍有所不同。该公司希望能够在负责这些新公寓的同时接手堪培拉大学之前已有的其他宿舍的管理权。许多人认为将宿舍的管理外包，进行商业化的运作是不合适的，因为学生宿舍需要有负责管理的老师照顾并帮助学生；另外如果外包，成本也会增加，学生可能负担不起。这一次也有很多情绪化的问题出现，莫西斯认为董事会和校长在这个问题上是秉持耐心和倾听的态度去解决的，最后的结果很让人满意。

作为董事长，莫西斯在一次由女性职业发展委员会组织的会议上向堪培拉大学的女性们非常坦诚地讲述了自己的生平。作为女性，在很多时候需要在家庭和事业之间做出抉择。抉择通常非常重要，同时也很艰难，因为有很多人会在背后看着你。这也是莫西斯在自己攻读博士期间的深切感受。莫西斯对于拥有工作、家庭并还在高等教育领域不断努力的女性深表理解，她以亲身经历勉励在座的每一位女性，让她们在求学的现状中坚持下去，用知识让自己成为社会的有用之才，做一个敢于冲破“玻璃屋顶”的女性。莫西斯用这样一段话结束了她生活经历的分享：“无论何时，当你遇见机遇，抓住它们，让它们为你服务；当你做了一个选择，让这个选择变为成功。”在她看来，当今世界对女性是开放的，女性的成功主要是要有自己的选择。

堪培拉大学每年有一个“和谐日”（harmony day），这里的和谐意指不同性别、能力、年龄、语言、种族、宗教信仰、文化背景的人们之间和谐相处。在这个特别的日子，学校会给许多老师和学生颁发奖状，在肯定那些为推动人际和谐做出杰出贡献的教师与学生的同时，鼓励全校师生为实现广泛的人际和谐而努力。

庆祝堪培拉大学年度“和谐日”的大会上，莫西斯表示：作为一个大学社区，堪培拉大学的教师和学生们在一年中的每一天都为促进和谐生活做出了自己的贡献。堪培拉大学非常重视为教师和学生们创造良好的生活、学习和工作环境，在这个环境中，所有的老师和学生们都能感觉获得重视、受到尊重和接纳。在这样一个学习社区中，大学不仅仅接纳人们之间的不同，而且希望能够更多地了解构成整个社区的每一个群体。多样性让人们的生活和学习变得更加丰富多彩，而我们每一个人都可以成为大家的楷模，真正做到不同文化背景的人们能够和谐地生活在一起。一个健康的社区很重要的一点是多元文化，莫西斯以学校的名义希望每一个人对每一天感恩。

堪培拉大学社区中每个来自移民社区和国际社会的成员带来的文化与智慧，加强了大学社区中不同文化的成员之间的关系，从而为澳大利亚的社会发展做出了贡献。在文化多元的基础上，各个层面反对种族歧视并承诺加深与澳大利亚原住民的相互理解是非常必要的。在澳大利亚的国家政策中有反对性别歧视、种族歧视和其他任何形式歧视的政策，这些政策对那些不可接受的行为进行了限制。但是，莫西斯呼吁：希望大家能够做得更多，希望大学的每一个人都积极地加入到构建和谐校园的队伍中来，用自己的知识和理解为和谐社区作出贡献。

在董事长的工作之余，莫西斯还会参加一些国际会议。虽然她已经不再做高等教育领域的研究，却因为领导大学多年的经历，对高等教育机构领导力的问题有自己独到的见解。她有时会参加一些相关的会议，和大家分享自己的想法。

2010年4月12日至14日，在伊斯坦布尔科技大学举行的会议上，时任堪培拉大学董事长的莫西斯做了题为《高等教育中女性与领导力——澳大利亚经历》的主题发言。莫西斯在发言中首先提到了澳大利亚政府的一些法案，这些法案主要是关于平等就业机会、女性平等就业机会以及在高等教育体系中女性的就业和领导力问题等。她特别介绍了2006至2010年澳大利亚大学女性员工行动计划。此计划主要的目标是鼓励所有的大学将就业公平的战略和评价指标融入到机构的规划当中，以支持该行动计划；鼓励重要领域中不同性别的平等参与，并改善女性在高级别岗位的任职状况；监控女性在学术领域的进入模式，对影响女性可持续进入的屏障作出反应；改善与工作岗位中性别公平相关的数据和信息的获取情况；通过对性别公平方面的研究和实践经验的介绍，让大学认识并参与到相关的实践中去。莫西斯还介绍了这一时期获得的具体成果，包括2004年16%的女性教授比例增加到了2010年的25%、2004年24%的女性副教授比例提升到2010年的36%、女性博士的数量增加、到2010年普通女性员工比例从10%增加到了50%、领导岗位的女性数量增加。2010年，在澳大利亚39所大学中，主管学术的86位副校长中35%为女性，72位主管研究的副校长中32%为女性。

同时，对于大学究竟需要怎样的领导的问题，莫西斯认为一所大学需要的领导是：一位能在复杂的机构中领导工作的优秀人才，即一位能够为机构指出明确的方向、专注于制定较好的计划并能够取得成果、能够有效地帮助机构改革并在此过程中起到关键作用的创造者；能够在不同的群体之间进行有效活动的沟通者；拥有能力和动力与政府、产业、其他职业、教育机构和社区建立与发展积极有效关系的组织者。莫西斯同时提到大学领导所需要的经历和背景，包括大量战略和经济计划的经验、在复杂的工作环境中推动一系列计划的进程和机构改革的经验、在大学中担任高级管理人员的丰富和深入的经验、杰出的个人研究成果以及带领研究团队提高研究质量的经验等。

莫西斯还对澳大利亚在任女校长们的特征进行了描述：她们是在某一学科受人尊敬的教授；有大量的国内、国际经历并有积极的参与度；了解大学体系；在政府委员会和机构以及资助研究的机构中有职业经验；之前任职大学副校长的经验；在被任命为校长时年龄在50岁左右；能够经常出差；有支持她的伴侣或家庭；充满活力、热情、专注、敬业。然而现行的体制依然让女性发展的过程存在障碍，让女性很难成为高级管理人员与大学校长。来自这些女校长们的建议是：能够抓住每一个机会参与到机构和政策相关的领域，并拥有丰富的不同职业的经历；抓住任何机会拓展自己的工作经验，经历挑战自我的过程；努力争取好的工作，能够和同事们一起为大型的机构工作并一起助其成长，以此积累经验并为将来的工作做好准备。①

2011年，在国际大学校长联合会第17次全体会议上，莫西斯还做了关于世界教育创新峰会领导力的发言。该会议由卡塔尔基金发起，是在2009年卡塔尔举办的世界教育创新峰会上议定的项目，由国际大学校长联合会和国际教育研究所合作承办，旨在让下一代

---

① Moses, Ingrid.The Australian Experience, in the conference of Beyond the Glass Ceiling: Women Rectors Across Europe: Women and Leadership in Higher Education, Istanbul Technical University, 12-14 April 2010, http://beyondtheglassceiling2012.com/beyondtheglassceiling2010/program.html

全球高等教育领导者对所面临的挑战有所准备。这个项目为全世界新近被任命的大学校长们提供了提升领导能力和分享经验的机会。项目主要关注发展中国家在学术方面的领导力。2010年进行的试点项目聚集了来自哥伦比亚、埃及、印度、巴基斯坦、苏丹、加纳、孟加拉国和伊拉克的新近任命的校长们。项目的指导老师与代表主要来自国际大学校长联合会。一个整体的项目后来在2011年秋进行，邀请了20至24位参与者，授课人员仍来自国际大学校长联合会。

堪培拉大学董事长莫西斯（左）肖像，由威廉·霍尔（右）创作[①]

五年过得很快，莫西斯在堪培拉大学任董事长的工作很快就结束了。在堪培拉大学，自莫西斯开始担任董事长后，董事会更改

---

① 图片来源：堪培拉大学网站http://www.canberra.edu.au/monitor/2011/march/29-chancellor? SQ_DESIGN_NAME=print

了董事长任期的规定，或许因为前一任董事长任期12年，实在太长了，规定更改后每届董事长任期2年，之后又调整为3年。莫西斯连任两届共5年，她认为这也足够长了。

2011年初，莫西斯从堪培拉大学退休。

离开堪培拉大学后，莫西斯开始参与一些非营利组织的工作，如艾米莉关怀（Emily care）福利机构。那是一个很大的机构，在新南威尔士州大部分地区和堪培拉等地区提供各种福利服务，主要从政府获得资助，也会有一些项目的集资。因为这是一个教会机构，一般的产业是养老院、医院、独立的生活区域，还有其他的社区服务，解决诸如流浪者、性虐待等人们碰到的各种需要帮助的问题。莫西斯则被邀请主持这个机构的董事会。

此外，莫西斯还参加了一所私立学院——蓝山酒店管理学校的高等教育委员会，这也算是莫西斯退休后与高等教育领域的纽带了。该学院是莫西斯在任新英格兰大学校长期间的合作学院，那时该学院没有资格授予学历，就与新英格兰大学合作办学，他们的学生注册为新英格兰大学的本科学生，他们则提供部分课程的教学。之后该学院成为高等教育机构，开始拥有提供本科和硕士学历的资格。该学院在堪培拉拥有一家宾馆，还有一家宾馆在悉尼蓝山地区。因为莫西斯住在堪培拉，他们请她列席董事会，后来他们卖掉了堪培拉的校区和宾馆，学生们都去了悉尼，因此他们在悉尼建立一个新的校区，叫蓝山酒店管理学校。该学院归一家大型跨国公司——摩兰公司所有，该公司在全世界拥有60多所大学和学院。

列席该校的高等教育委员会对莫西斯来说是特别的经历，

因为她从未参加过私立的高等教育机构，何况还是一个需要盈利的商业董事会，这与公立的大学有太大不同。公立大学拥有所有的资源，也没有股东，不需要考虑如何用现有的资源去盈利、设立奖学金等。私立的学校就有所不同，在大学董事会之上还有一个公司董事会。但学校要在澳大利亚运营，需要符合这个国家对大学的要求，因此大学要对项目和预算有一定的自治权，而不是完全受到公司董事会的控制，否则澳大利亚是不会认可这所学校的。

这些社区和学校的工作让退休后的莫西斯依然继续着充实的生活，没有因为她的退休有突然的转变。退休后，丈夫每日都会去澳大利亚国家图书馆继续做着他喜爱的研究，而莫西斯则会在家看书，或者参加一些社区和学校的活动，二人一起享受着闲适而幸福的生活。

感悟人生

从1993年到2010年，莫西斯曾在澳大利亚多所大学从事学术与管理方面的工作，并对教育事业充满热情。她担任澳大利亚大学领导共18年，在任期间荣誉众多：她是政府百年纪念奖章获得者，表彰她在乡村教育方面做出的贡献；是澳大利亚高等教育研究与发展协会终身荣誉会员；是英国高等教育研究协会会员；因为对教育领导领域做出的重大贡献，被授予教育荣誉院士称号；因为她在高等教育研究方面的杰出贡献，被悉尼科技大学授予荣誉博士学位；因为她对高等教育国际化所做的工作，被加利福尼亚州立大学授予荣誉博士学位。

回顾以往的职业生涯，她感慨万千。在莫西斯的职业生涯中，是否有过停下来的想法呢？还是有几次的。曾经她觉得自己或许应该停止校长的工作，转而去做顾问。那是20世纪80年代中后期，政府开始讨论效率和效益问题，评估和学术氛围也有了一些改变，那也是重视学校管理的开始，莫西斯有时觉得压力很大，于是产生了停下来去做别的工作的想法。然而莫西斯终究没有放弃，在校长这个岗位上坚持了下来。在做校长期间的最后两年时间里，莫西斯遇到了一位非常难应对的董事长，那是一个商人，他希望自己运营大学，而不是去管理，对于这一点莫西斯不会做出退让，于是两人发生了冲突，那是段不太高兴的经历。因为那位董事长希望干涉学校各方面的管理，莫西斯认为他对大学的了解不够全面，按照他的想法去做恐怕是行不通的。莫西斯之前与所有人进行合作，从未这般如履薄冰，因此在那个阶段，她也曾考虑自己是否应当就此退休，但那就意味着自己认输了。凭着一股不服输的劲儿，莫西斯坚持了下来。她从那一段经历中也学到了很多，当自己成为董事长后，她学会了放权。

在莫西斯的职业生涯中，有很多信念和品质一直支持她不断前行。首先是教育中改革的因素。这是莫西斯的博士研究话题，也是她在后来每个工作岗位中都非常重视的内容，是她处理高等教育机构中许多问题的出发点。其次是情感智力。莫西斯认为，她经历的所有职位，无论是国际的还是国内的，都需要情感智力（指与他人交往及控制自己感情的能力等），你需要明白人们为什么而来且需要些什么，即便他们来自不同的文化、不同的国家，处于不同的地位、不同的学科。莫西斯认为情感智力在一定程度上来说便是通情达理，能够接受不同的人和意见。作为一位校长，你永远都无法获得所有你想要的信息，或者获得所有的凭据，不过你必须根据现有的信息，用良好的判断力做出及时的决定。莫西斯特别强调这一点，她认为自己能够做到这一点，而且做得很好。其三是将心动化为行动。很多时候，你会有一些让自己心动的想法，这个时候你要做的不是继续下一个想法，而是将这个想法变成现实。其四是学会在一些问题上做出让步。莫西斯觉得这是能够解决问题、顺利完成任务的关键。然而在这个过程中，绝不能牺牲自己的原则或底线，即便这可能让你不那么受欢迎，但那是你对自己的尊重。如果你在一些不恰当的方面做出了牺牲，这或许会让你获得短期的利益，却也同时会让你迷失了自己，当对你有所期待的人们知晓实情后，会意识到你牺牲了什么，而对你感到失望。其五是关于自我。不要总是想着“我”，而是“我们”，多给别人一些信任，让他们觉得自己的贡献受到了重视，觉得他们是这个团队的一部分。莫西斯认为这个法则在许多岗位上都是通用的。其六是集体的智慧。人们期待一位领导者，但你不需要自己想象所有的细节，这些想法可以来自学校外部或者内部，然后你将大家的想法重新组合，把所有的内容结合在一起，给它一个新的名字。因为人们期待领导力，不希望参与到所有的决策过程中去，但他们希望知道他们被咨询了，哪怕意见最后没有得到采纳，至少他们的观点得到了评估，他们了解了做这个决定的原因。因为人们从不会全部赞成同一件事情，因此明理的人不会期待他们反映的所有内容都会成为决定的一部分。他们合理地期望任何一个会影响到他们的问题至少应当征询他们的意见。莫西斯认为这点很重要的。其七是充分的准备。莫西斯认为，作为一位领导者，你总是需要做好充分的准备，需要阅读很多文件，了解问题，寻找凭证和各种不同的观点，最后做出自己的判断和决定。

莫西斯对于自己的职业生涯表示了肯定，她觉得作为各种不同的领导去工作、去认识世界上各种有意思的人，是非常有意义且有价值的。她在自己的工作和生活中常常想，怎样让自己给人们留下印象，并能够延续这种影响。因为在大学这样的机构中，你不仅仅希望自己对学校有巨大的贡献，还希望能够获得人们的认可，能够留在人们的心中，能够让人们去记住。莫西斯希望自己在任时，大家能够感到她付出了，而她也真的做到了。许多女性告诉莫西斯，她对她们有很多精神上的领导、帮助；也有男性告诉她，她给了他们指导，给了他们很大的帮助，她是一位非常好的领导。莫西斯为能够获得大家的认可而感到无比欣慰。

莫西斯想对年轻人说，如果你拥有一个梦想，知道自己将来想要做什么，那么就去实现它；如果你还不确定，也没有关系，因为许多人都是在晚一些的时候才找到了自己的方向。莫西斯认为，并不是每个人都会在他们12岁或者18岁的时候知道自己希望成为一名律师或者一名中学老师的，许多人是在以后的生活和工作中才慢慢对自己想去哪里、想做什么有了一些概念。莫西斯觉得自己便是如此。她说自己并不算一个有清楚的职业规划的人，让自己不断往前走的就是机遇。她在某个职位工作一段时间，觉得已经能够很好地驾驭这个职位后，如果有人鼓励她去申请一些更有挑战性的职位，她会觉得去尝试新的工作又何妨？因为每个人的人生经历不尽相同，有些人在他们学习的阶段学了自己不喜欢的东西，有些人经历了各种不同的工作，在他们经历了不同的职业、接触了不同的人、丰富了人生阅历后，才会意识到什么才是他们最想要的。这也是为什么他们中的一些人会改变自己的职业方向。莫西斯觉得，有梦就去追寻；如果还没有，不妨对未来保持一种开放的态度，给自己一些时间，让自己去经历能够经历的，在经历了寻找的过程后，你会明白自己想去的地方。

莫西斯想对年轻的女性说，虽然现在女性就业和职业发展的机遇已经有所改善，但“玻璃屋顶”依然存在着。作为一位女性，要学会商量，学会选择以别人可以接受的方式，去大胆争取你认为正确的东西。每个人都会遇到需要做出选择的时刻，莫西斯认为，当你要做一个选择时，你要考虑到所有的因素，然而当你做了这个决定后，你就要努力让它变为现实，这是贯穿莫西斯一生的行动准则。

对于许多女性来说，生活、事业、家庭之间的矛盾让她们的选择变得很艰难。莫西斯在家庭与事业之间似乎没有做过二选一的题目，她选择了尽量两者兼顾。莫西斯和丈夫有两个儿子和两个孙子，她觉得如果自己没有一位丈夫，没有孩子，没有孙子，自己大概会感到难受吧。在孩子们刚出生时，莫西斯还很年轻，那时她没有事业，只做一些兼职工作；在孩子们还小的时候，莫西斯一直忙于照顾他们的生活，直到他们长大一些，才感到自己需要一份事业；但开始了自己的事业后，她和孩子们在一起的时间比一般的家庭主妇少了很多，不过孩子们也没有抱怨。孩子们长大后，有一天，莫西斯的小儿子告诉她，她是世界上最好的妈妈。莫西斯觉得这一定不是真的，儿子大概是在开玩笑，儿子却告诉她，因为她一直不在那里。儿子的意思是，当他是一个十一二岁的孩子，正处于叛逆期时，他同伴的妈妈们整天都不停地唠叨他们，希望知道关于他们的一切，不让做这个，也不让做那个，所以他的同学们在放学后都不愿意回家。而莫西斯那时既要工作，同时还要做博士研究，因此儿子们并没有感到莫西斯在那个时期对他们严厉的管束，这让她和儿子们保持了良好的关系。莫西斯记忆中有那么几天，她会在家里，当孩子们放学回到家，她会和他们站在书房门口聊天，这时候莫西斯意识到自己错过了很多亲子的时间，因为她几乎没有能站在那里的时间。有时自己下班回家后或许希望和孩子们聊天，而他们却可能想去玩耍而并不愿意；如果她一直在家，他们会选择自己的时间和她聊天。所以莫西斯觉得因为自己不在家里，其实错过了许多许多。

不过这也是她自己的选择，她没有觉得后悔，也认为不应该后悔，而是接受这个事实。在那个阶段她选择了事业，便只能如此，毕竟你不能拥有全部。你可以事业与家庭兼顾，然而你总需要在这个或那个阶段牺牲些什么。如果你把所有的时间都放到工作中，那

退休后的莫西斯夫妇[①]

① 图片来源：笔者2013年6月摄于堪培拉。

么你会后悔没有与家人和朋友共同相处的时间；如果你将所有的时间都放在照顾家庭上，你可能会后悔没有发挥自己的特长；如果你从来没有为别人做过什么，你可能会在生命结束时感觉自己的自私。在现实生活中，要整合好事业、家庭、社交生活、业余爱好、旅行、志愿活动等方方面面，还是会遇到一定的困难的。现在人们的寿命普遍提高了，你可以在不同的时期偏重于不同的事物；你可以找到自己在生命不同阶段的平衡点；要承认自己不是超人，不能把所有的事情都做好、都做得那么完美，这很重要；如何向人们表达你想要的，选择获得的方式，让人们能够理解支持你，也很重要。

蓦然回首，岁月匆匆如斯；展望前方，她笑靥依旧，自信如故。人到古稀的莫西斯正继续用自己的知识和能力回报社会，用自身的行动诠释人生的价值。

后 记

在采访为高等教育做出巨大贡献的传奇人物——莫西斯女士时，我被她的真诚与谦虚深深感动，她认为她是做了自己想做的事，她所做的一切都是顺其自然罢了。当我从年轻女性的角度，请她对现代女性在自身的求知、在自身的培养上提出建议时，这位卓越的教育家欣然接受，她将自身的经验、自己对年轻女性的希望娓娓道来。我被她的经历所震撼，她是一个意志坚强的人，她朝着自己的心所指向的目标执著地前行。

家·事业·梦想

作为有事业心的女性，不可避免地面对选择，或在家庭与梦想之间，或在事业与家庭之间。莫西斯校长的忠告可谓金玉良言，“作为一位女性，要学会商量，学会选择让别人可以接受的方式，去大胆争取你认为正确的东西。”不少女性在处理家庭关系中缺少的正是“商量”的技巧，正是“可以接受的方式”。

同样在追求事业的成功，莫西斯校长是一个很好的榜样，她耐得住寂寞，静得下心，“两耳不闻窗外事”潜心研究出许多高质量的成果；她勤于思考、勤于动手，用“实践是检验真理的唯一标准”的科学方法去探索真理。她的数篇研究成果至今对于高等教育领域都有现实的指导意义。她是一个有孩子的女性，生活条件一般，要读书又要兼职以贴补家用，应该说她的生活很清苦，但她能坚持住，终让梦想成为了现实，也成为年轻女性的楷模。

个人·社会·价值

莫西斯很好地把握每一次学以致用的机会。当学习中心主任、副校长、校长的职位来临时，机会每每只降临到她的身上，这难道是巧合？相信大家都和我说的是同一个词“不”，她所有的艰苦努力以及研究成果不都夯实了她的基础吗？她的成功只是印证了一句名言：机会总是青睐于有准备的人。如果当你与机会擦肩而过时，千万别气馁，想想自己是不是还有没准备好的方面？

莫西斯作为一名大学校长，是一个社会人，她要考虑的是“大家”。在国内，她为乡村高等教育所做的尝试，让无数在农村和边远地区的年轻人得到了接受高等教育的权利；寻求地区与学校的合作，走出一条新路子，为带动该地区的经济发展做出了巨大贡献。在国际层面，莫西斯分别担任国际大学校长联合会主席和联合国大学理事会主席，有机会用国际化的角度去审视问题，将世界各大学校长们的智慧集中在一起，为解决人类面临的种种问题提出解决方案。

特别要提到的是她为有志女性所做的一切。无论在国内还是国际的每一个合适的场合，她都抓住宣传的时机，努力创造女性接受高等教